哲学の先生と人生の話をしよう

國分功一郎

朝日文庫

本書は二〇一三年十一月、小社より刊行されたものです。

哲学の先生と人生の話をしよう ● 目次

第一部　愛、欲望、そして心の穴

失業の救済は知らないが個人の救済は勉強だ！

第二部　プライドと蔑みと結婚と
ダダダダッ、ダッダダ

第三部　仕事も情熱も相談も
反革命の思想こそがやさしさを……

哲学の先生と人生の話をしよう

第一部

愛、欲望、そして心の穴

失業の救済は知らないが個人の救済は勉強だ！

1 バブル世代の父親がドバイから仕送りを送ってこなくて困窮しています

相談者　ブリティッシュ・ホンコンさん（東京都・学生・男性）

Q.

経済難でひどく困っています。重い話になってしまいますが、お許し下さい。我が家は母がすでに他界しており、父と私の二人家族（兄弟はいません）なのですが、その父も海外勤務が長く、現在は中東におり、ほとんど帰国しません。そのため私は、父が購入した東京郊外の世帯マンションに一人で暮らしています。もとは家族で暮らしていたものですが、こうした事情により、かれこれ長いこと一人で不相応なマンションに住んでいます。当然、マンションには住宅ローンや固定資産税、マンション管理費が毎月かかります。父とは事前にしっかり約束して、こうした支出は父が送金で賄う、としてきました。ところがここ数年、父の経済状況が急変し、仕送りが途絶え始めたのです。父は企業勤めではなく、フリーランスで現地企業を転々としているため、一度経済状況が悪くなると、それでぱったりと仕送りがなくなってしまうのです。

それが積もりに積もって、現在では住宅ローンも固定資産税もその他諸々の支出も、すべて滞納しています。毎日のように各方面から督促状が送られ、「差押え予告」や「裁判予告」といった通知まで来るに至っています。

私は普段大学生活を送り、アルバイトで賄えるだけの生活費を元に暮らしています。とてもこういった大きな金額を支払う能力がありません。父には何度となく連絡を入れ、早く仕送りをと懇願しているのですが、「必ず振り込む」と言って実行されない、というディスコミュニケーションが延々と続いています。

父は典型的なバブル世代で、堅実にお金を稼ぐということを知りません。こうした現実から目をそむけ、いつか必ず、もう一度ひと山当てるのだ、という発想しかありません。そして私自身、その子として甘やかされて育ちました。

いざ家を追い出されたら自活できる生活能力がありません。マンションを売ればいいといろんな人から言われました。しかし、このマンションを売ったら私はどう生きていったらいいのか。私にはとても現実感がもてません。

今私が現実的になすべき手段というのは、おそらくはっきりしています。理性では、そのことをとても鮮明に理解しています。しかしそれを受け入れる勇気と精神力が私にはありません。こんな現実は嘘だと逃避し続け、「本来はこうあるべきだった」という観念に没入し続けることしか出来ません。

こうした観念ばかり抱えながら、現実の経済難を前に、どうやって生きていったら良いのか。ご助言頂ければ幸いです。

A.

ご相談をありがとうございます。ご相談を読みながら大変驚きました。ブリティッシュ・ホンコンさんが極めて高度な文章力、伝達能力を持っているということです。

こうした人生相談の類を読むと、相談を持ちかける人の事情が具体的にイメージできないということがよくあります。伝達というのは、箇条書きできる類の客観的情報を正確に伝えるだけでは十分ではありません。当該事象を取り巻く雰囲気を相手に嗅ぎとってもらうようなやり方が求められるのです。それを成功させるための出来合いの方法などありません。伝達の経験を重ねること、そして、伝達したい事象を十分に理解すること、これ以外にやり方はない。

今回のブリティッシュ・ホンコンさんの相談からは当該事象の雰囲気が非常によく

伝わってきました。これは大変よい兆しです。なぜならこれは、ブリティッシュ・ホンコンさんが困難な事態に立ち向かうために必要な知性と経験を相当程度備えていること、そして、今回の相談内容について自分なりの十分な理解を既に有していることを意味しているからです。

実際、「今私が現実的になすべき手段というのは、おそらくはっきりしています。理性では、そのことをとても鮮明に理解しています」とお書きになっていますね。何をなすべきかは分かっている。しかし、心を決めることができない。それが相談内容の核心です。

相談を読みながら、ブリティッシュ・ホンコンさんは、何かを決めることについてすこし思い違いをしているのではないかなと思いました。もちろん、そのように思い違いをしているのはブリティッシュ・ホンコンさんだけではありません。これは広く世間で共有されている思い違いです。

その思い違いとは何かと言うと、決断とは、岐路に立ち、選択肢を与えられた状態で、自由意志によって、あるいは断固たる決意によって、ある選択肢を選び取ることに他ならないという考えのことです。どうしてこれが思い違いなのでしょうか？

アメリカの哲学者、フィンガレットの議論を参照しましょう。フィンガレットはあまり日本では知られていない哲学者ですが、経済学者の安冨歩が『**生きるための経済学**』で非常に分かりやすくその思想を伝えてくれています。

フィンガレットによれば、岐路に立った人間が自由意志で選択するのが決断であるという考えは、西洋思想が作り出したステレオタイプに過ぎません。私たちは時折、重大な選択を迫られます。それらは徐々に行われることもあれば、突然に行われることもありますが、いずれにせよ、常に意図せざる仕方で行われるとフィンガレットは言います。というのも、決断はあれこれと計算した結果としてなされるものではないからです。意図せずに行われていた逡巡と熟考の末に、「ああ、これがなすべきことだった」という仕方で、既に決心ができている自分に気付くのです。

フィンガレットは、決断とは受動的なものだとも言っています。安冨歩の巧みな説明を用いて言い換えれば、人間は「こうしよう！」という形で決断するのではなく、「そうなってしまう……」という形で決断するのです。

これは人間の意志が全く無力だということではありません。人間は意識と無意識の双方で様々に判断や処理を行っています。それらの相互作用の結果、何らかの意味を持ったパターンが立ち現れ、それが決断をもたらすということなのです。

ここからどんな教訓が引き出せるでしょうか。

ブリティッシュ・ホンコンさんは物事を正確に理解する力を既に持っています。ならば、もっともっと、いま自分が置かれている事態を見つめることです。そして、自分の中に決断が出来上がるのを待つことです。全く見ず知らずの私に相談を持ちかけることができたということは、いまブリティッシュ・ホンコンさんの中で、何らかの意味をもったパターンが立ち現れつつあることを意味していると思います。

焦ってはいけません。焦りは、いま心の中に出来上がりつつあるパターンから目を背けさせます。他の人に相談するのもよいでしょう。

参考図書

安冨歩『生きるための経済学――〈選択の自由〉からの脱却』ＮＨＫブックス、二〇〇八年

2 子持ちの彼女への愛は本物でしょうか？

相談者　マエダさん（大阪府・32歳・会社員）

Q.

32歳、営業職の会社員です。私には付き合って一年半程の少し年上の彼女がいますが、その彼女への気持ちについて相談をさせて下さい。

学生の頃から私は女性と上手に会話をすることができず、女性と縁の無い生活を送ってきました。でも、30歳になる誕生日に突然「このままで良いのだろうか」と考えて、その日から意識的に女性と接し、徐々に会話ができるようになりました。

その後、二人とそれぞれ半年ほどお付き合いをして、今の彼女は三人目です。最初の二人とは将来を考えることはありませんでしたが、今の彼女とは時々将来のことを考えています。

彼女には子供が二人います。小学校高学年の男の子と低学年の女の子です。はじめは浅い付き合いだったので知りませんでしたが、半年くらい経ってから聞きました。また、元の旦那さんとは別居していますが、離婚は出来てないそうです。

私はショックを受けましたが、彼女の背景を知ったことでむしろ色々なことに納得して気持ちが強くなりました。彼女は明るい性格で、子育てについても色々相談をしてくれます。特に上の子は私に性格が似ていると感じられる所があり、私もつい親身になってしまいます。

そこで相談なのですが、私は時々不安を感じます。もしかして、私は彼女の境遇を面白がっているだけではないのだろうか、と。今は気ままなひとり暮らしなので寛大でいることができますが、私が彼女と結婚にむけて行動したら二人の子供との関係、元旦那との軋轢《あつれき》が発生します。それらによって大幅に自由が減った後でも私の今の気持ちが変わることは無いのだろうかと考えてしまいます。

ただ、片隅でそんなことを考えていても、時間を縫って彼女と会えば飛ぶように時間が過ぎてしまいます。毎日のように電話で話します。周りには他を探せという人もいますが、私は彼女以上に相性のいい人、また彼女以上に私を必要としてくれる人はいないのではないかと思っています。女性関係の経験値が低いからなのか、私は判りません。

私の彼女への気持ちは嘘がないものなのでしょうか。ちなみに、彼女は引け目を感じているようで、私に他に良い人が見つかれば自分には止める権利がないと言っています。

A.

マエダさんのご相談にはポイントが二つあると思います。一つは、自分には女性とのお付き合いの経験がすくないのではないかという不安。もう一つは、いまお付き合いしている女性への自分の気持ちが本当であるのかどうかという不安。

まず僕としてはマエダさんの相談の中に、リアリティをもって読めない部分がありました。ご自分のこれまでの女性との関係を説明されている箇所です。女性と縁のない生活を送って来て、30歳になってなぜか女性との人間関係を築こうと一念発起し、しかもそれが成功し、すぐに彼女が二人もできている。そういうことが可能なのかなぁと思うのです。

たとえば、本当に女性と縁のない生活だったのかと疑問に思いますし、すぐにできた二人の彼女との付き合いはどの程度のものであったのかが分からないとな……とも思います。こういうことは、たぶん、実際にお会いして直接お話を聞いたらすぐに分かることなのですが、誰かの相談に乗るときには、こういった細部が極めて重要なのです。

もしかしたらご自分でもうまく整理できていないのではないでしょうか？　その辺

りをゆっくり考え、整理してみることが、一つ目の不安を解消するために役だつだろうと思います。女性と縁のない生活だったというのも、もしかしたら思い込みかもしれませんし、女性との会話が苦手というのももしかしたら周囲はそう思っていなかったかもしれません。

ジル・ドゥルーズという哲学者が、人は、過去を振り返って思い出す記憶のままにかつて生きていたわけではないのだと言っています。記憶というのは意外にテキトーなものですね。しかも現在の中でいかようにも書き換えられていきます。芳川泰久・堀千晶著『ドゥルーズ キーワード89』の中の「幼年期のブロック」の項目が大変参考になりますので、もし哲学などにご関心があれば読んでみてください。

さて、問題は二つ目の方ですね。

僕はマエダさんの相談のすべてにリアリティの欠如を感じたわけではありません。彼女と一緒にいると時間が飛ぶように過ぎる。毎日電話する。彼女以上に自分を必要としてくれる人はいないのではないかと感じている。彼女の子どもに対してつい親身になってしまう……。僕はこうした記述にマエダさんの強い気持ちを感じ取りました。嘘か本当かなど気にする必要はありません。とにかくそう感じているマエダさんの気持ちそのものが重要です。女性との付き合いの経験など関係ありません。

しかしそんなことを言われただけで解決するならマエダさんは相談などしないはずですね。やはり、彼女が二人の子どもを一人で育てている女性であること、そして、いまだ離婚していないことにひっかかりを感じているのでしょう。

人は誰かと経験を重ねてから或る人とお付き合いするのではありません。いまそこにある相手との付き合いこそがマエダさんにとっての経験になっていくのです。自分は女性との付き合いの経験値が低いと考えるのではなくて、いまその経験値を毎日高めているのだと考えてみてください。

経験値を高めていく中で、マエダさんの気持ち、相手の気持ち、二人の関係、子どもを含めた四人の関係が見えてくるはずですし、見えてくるまで待つしかありません。それを待つ作業にはもどかしさもあるでしょうが、楽しさもあるはずです。

ただ一つ慎重に対応しなければならないことがあります。それは彼女がまだ離婚していないという点です。そうしたことはしばしば起こりますが、その原因は様々です。元旦那の固執かもしれませんが、そうでないことも十分に考えられます。

それについて彼女から、じっくりと、ゆっくりと話を聞き、二人で語り合っていく必要があるでしょう。マエダさんは自分が持っているかもしれない同情や、彼女が持っている引け目について心配していますが、そうしたことよりも、離婚について二人できちんと話をしていけるかどうかの方が重要です。もしかしたら、彼女にも離婚していない理由が分かっていないとか、それを自覚できていないということも考えられます。慎重な対応が必要です。

そうした語り合いができていけば、同情とか引け目とか、そういったことは全く関係なくなるでしょう。また、これは万が一の話ではありますが、同情や引け目といった負の感情が二人の関係を決定的に規定していたならば、話し合いをしていく中でそのことも明らかになるはずです。

参考図書

芳川泰久・堀千晶『ドゥルーズ キーワード89』せりか書房、二〇〇八年（増補新版は二〇一五年）

3 勉強より、リア充のようなコミュ力を磨いた方がいいのでしょうか？

相談者　マクスウェルのシルバーハンマーさん（東京都・23歳・男性）

Q.

本を読んで、知識と考える力をつけたいと思って大学に入ったのですが、どうも周囲を見ていると、それが本当に良いことなのか自信が持てません。

大学生の男なのですが、周囲を見ていると、本を読んで勉強するよりも、友人とワイワイやったり意識の高い学生団体で活動したりして、コミュニケーション能力を磨く方が、いい企業に内定をもらえて人生も楽しい！　という風潮が強いです。フェイスブックで友達の投稿をみていても、やたらリア充な写真ばかりがアップされていて、しかもそういう勉強しないでコミュ力ばかり磨いている人ほどいい企業に入れたりして、「果たして自分は孤独に本など読んでいて無駄にならないだろうか？」と不安になります。

かといって、私は前に体育会系のサークルに所属してバイトも週五くらいでやっていたのですが、なんだか貴重な学生生活を無駄にしているような気がして、またそういう生活に戻る気にもなれないです。國分さんなら「本を読むのをやめろ！」とは言わないかもしれないのですが、こういう学生はどうしたらいいと思いますか？　やはり「ほどほど」を目指すべきでしょうか？

雑な質問で申し訳ありませんが、お答えいただければ嬉しいです。

A.

シルバーハンマーさんの質問を読みながら、大学時代に友人によく話していたことを思い出しました。

大学時代、授業全出席で有名な学生がいました。ノートも全部取っています。伝説のような話なのですが、そいつのアパートに行って、「何月何日の誰それの講義」と頼むと、「いいよ」といって、ワープロ（当時はまだワープロでした）から該当する講義ノートを打ち出してくれるということでした。彼は講義で取ったノートを、自宅に戻ってからワープロに入力し直し、いわば清書しているわけですね。僕はその人物のことを個人的には知りませんでしたので、彼がいったいどんな成績をとっていたのかは分かりませんが、それなりの成績はとっていたでしょう。

他方、僕のサークルの友人に、授業への出席はほぼゼロですが、きちんと単位を取っている人物がいました。彼は広い人脈を持っていて、どんな講義ノートもすぐに手に入ってしまうのです。いわゆる「代返」なども活用していたようですが、難なく単位を獲得していました。

僕が大学時代によく友人に言っていたのは、いったい、これら二つのタイプのどちらが大学を出た後、「仕事ができる人間」になるだろうか、ということでした。こう書くと、後者の人脈型の人間が「仕事ができる」と単純に思われてしまうかもしれませんが、そういうことではありません。重要なのは、分からないということなのです。

全出席型の人間は実は非常に柔軟な思考の持ち主で、ただ単に他の人に頼るのがイヤだっただけかもしれません。人脈型の人間は、一見するとデキる人間に思えます。特に「コミュニケーション能力」なる意味不鮮明な言葉がやたらともてはやされているこの世の中にあっては、大変優遇されると思われるかもしれません。しかし、彼は人脈があるだけで全く深みのある仕事ができない、創造性を欠いた人間かもしれません。繰り返しますが、とにかく分からないのです。

社会学者の宮台真司さんが、自分の高校ではガリ勉型の人間はバカにされていて、優秀なやつは誰もが勉強以外のプラス・アルファを持っていたと言ってます（**『日本の難点』**）。こんなことは宮台さんに言ってもらわなくても実際には誰もが知っていることだと思うのですが、ガリ勉型は結局最後の最後で、プラス・アルファを持っている人間に勉強で追い抜かれてしまう、と。他の分野で能力を高めてきている人間は、勉強でもそれを生かせるということですね。

ここから引き出せる教訓は何でしょうか？　ガリ勉がいけないということではないのです。これをやっておけば自分の人生は大丈夫なのだという〝信仰〟に頼ってしまうことがまずいのです。宮台さんが言っているのもそういうことです。ガリ勉は勉強ばっかりしているから問題なのではなく（勉強ばっかりして勉強で誰にも負けない人物になれば、もうそれは一つの達成でしょう）、勉強しておけば大丈夫なんだという〝信仰〟を持っている点がまずいのです。

シルバーハンマーさんが知識と考える力を身につけたいと思ったなら、ただそれをやればいい。しかし、それらを身につけたら自分の人生は大丈夫だと思っては大変な誤りを犯すことになります。「リア充な写真」をFacebookにアップしまくっている人間が、社会に出てからうまく立ち回るかもしれません。しかし、重厚な知識と考える力を身につけた人間が、社会を引っ張っていくような人物になるかもしれません。それは分からない。だからシルバーハンマーさんがやりたいと思っていることをやればいいし、これじゃダメかなと思ったら立ち止まって考えればいい。ただ、「こういうことをやっていた人間はこうなれる」などとは思わないことです。

参考図書

宮台真司『日本の難点』幻冬舎新書、二〇〇九年

4　女性との接し方が分からず、ホモソーシャル的な空気に逃げてしまいます

相談者　回遊魚さん（東京都・24歳・文系院生）

Q.

國分さんこんにちは。

今回は文系院生ヘタレの自己開示にお付き合いいただけるということで、有りがたく思っております。

今回ご相談したいのは、女性（というか人間）との付き合い方についてです。

自分は中学や高校のはじめごろまでは、クラスの女の子などを単純に好きになっていたと記憶しているのですが、高校の中頃からでしょうか、恋愛から撤退して、男友達とばかり遊ぶようになりました。

そして、気づいたらホモソーシャル的空気（たしか定義上、ホモソーシャルを構成する男性は女性を一人以上所有していることになっていましたから、正確にはホモソーシャルです

らないのですが）の中での振る舞いしかできなくなっていました。

たとえば、キャバクラや合コンに行っても、最も楽しいのは、その後の男同士の「反省会」の飲み会なのです。そこでなされる会話は、いかに女性の前で派手に失敗したか、という笑い話が中心です。つまり、女性との関係の構築に失敗することを一つのパフォーマンスにして、男性同士の関係を再強化しているわけです。言い忘れましたが私は性的マイノリティ当事者というわけではないです。ない……はずです。

さらに自分の問題は、女性との関係構築の不得手を、コミュニケーションがもつ原理的な暴力性（人は人の踏み込まれたくない領域を知ることはできない、など）に対して向き合っているナイーブな俺、という自意識で処理しているところです。厳しい現実に乗り出すしかないというのはわかっているのですが、そこに困難があるのです……。

とはいえ最近はＡＫＢ48の握手会に行くなかで、「人を思う本当の気持ち」のようなものを自分のなかに取り戻しつつある気にもなっています。

どうやって、まともな人間関係構築の可能性を回復したらいいのか？　そもそも、もう回復を目指すべきではないのか？　お答えいただければ幸いです。

A.

質問をありがとうございます。

人生相談、まだ四回目ですが、実は寄せられているのは恋愛関連の相談がほとんどです。これは驚くべきことです。もちろん、僕のところに質問をお寄せくださる人の数は多くはない。またこの話題は人に相談しやすいということもあるかもしれません。そうだとしても、この偏りは注意を引かざるをえません。どれほど多くの人が（広い意味での）恋愛関係に悩んでいるか。人生の中には本当に実に多くの悩みの種がありますが、少なからぬ人が、その中の一つである（にすぎない）恋愛関係に強く悩んでいるのです。

そこで今回は、恋愛の問題を考える上での教科書を紹介しながら、相談にお答えしていきたいと思います。教科書は二冊ありますが、この問題で悩んでいる方、またこの問題について深く考えたいと思っている方には、ぜひともお読みいただきたいと思います。

教科書の一冊目は、二村《にむら》ヒトシ著『**恋とセックスで幸せになる秘密**』です。表紙はかなりオシャレですが、このタイトルからは軽薄な恋愛系自己啓発書をご想像される方もいらっしゃるかもしれません。実際、書き方も自己啓発書っぽい（各項目の最後に簡潔な命題が一つだけ掲げられている等）。しかし、この本は、極めて精密に構築された思考の体系と、豊富な観察上の事実――二村さんがおそらくはご自身がいらっしゃる独自の環境ゆえに獲得し得た観察上の事実に基づいて書かれています。

二村さんはアダルトビデオの監督です。この仕事は恋愛や性についてたえまなく思考することを強いるのではないでしょうか。僕は二村さんと一度お目にかかったことがありますが、大変思考を刺激されました（あと、AVの話で盛り上がりました）。

この本を読んで思ったのは、恋愛の悩みはだいたいこれで解決するのではないかということです。言葉は実に平明ですが、この本に書かれていることは、多分、精神分析や心理学などの理論的な言葉を使って説明し直すことが可能です。基本的に女性向けの本ですが、男性のことも考察されています。

二村さんによれば、恋愛でうまくいっていなくて悩んでいる女性というのは、だいたい「自分のことが嫌い」です。自分のことが嫌いだと、自分のことを愛してくれない人に関心をもってしまいます（前掲書23ページ）。

重要なのは、「恋愛」という言葉を構成している「恋《こい》」と「愛《あい》」の違いです。「恋する」とは「相手を求め、自分のものにしたがる」こと、「愛する」とは「相手を認めること」だと二村さんは言っています。「愛する」とはつまり、「相手が存在していることを、心から「いい」と受けとめること」と書かれています（同30ページ）。

恋と愛は、だから真逆です。そのことが分からないと、本当は自分が自分を大事にできていないことが問題であるのに、男運が悪いとか出会いがないとか文句を言ったり、出会いがあっても相手に尽くすことを「愛」と勘違いしたりといったことが起こるのです。

さて、前置きが大変長くなりました。

回遊魚さんの悩みは、女性に関心はあるけれども女性に向かうことができず、その寂しさというか欠落を友人男性とのコミュニケーションによって補っているが、どうしたらよいか、というものです。

回遊魚さんが正直どの程度悩んでいるのか、僕には察しきれないところがあります。というのも、それで楽しいならそれでもいいじゃないかと思うからです。単に好きになれる女性がこの数年間は現れていないということだけかもしれません。まずその点をおさえておきます。その可能性も一応ここで保留しておきます。

その上で、しかし、回遊魚さんは実際にこうして相談を僕に寄せられました。ということは、やはり何か今の状況がおかしいと感じているということですね。その感覚は大切です。

僕は二村さんの次の言葉を思い起こしました。

「オタクの男は、モテはじめると簡単にヤリチンになる」（同85ページ）

オタクと呼ばれている人の中には、モノや概念が純粋に好きな人もいます。しかし、オタクはうまく自己肯定ができていない場合が多く、「モノや概念が好きな自分」が好き、「それについて他人より詳しく知っている自分」が好きであり、その意味で、「多くの女性とセックスできる自分が好き」というナルシシズムで心の穴を埋めているヤリチンと極めて多くの共通点を持つことが考えられるのです。

つまり、オタクが何かをきっかけにモテるようになり、その対象が「女性」に変われば、彼は簡単にヤリチンになるということです。

二村さんはもっとすごいことも言っています。

モノや概念に熱中することで、「苦手な人間関係から逃げている自分」を認めるのを避けているオタクがたくさんいる。そういう人たちは「キモいオタク」と呼ばれる。

なぜ彼らがキモいのかと言うと、自分を「ごまかしている」こと、ナルシシズムが強すぎることが周囲にバレバレだからだ、というのです。

つまり、「キモオタ」と呼ばれる存在は、その容姿とは全く関係がないということです。

二村さんはこの「キモチワルイ」という存在様態がいかなるものであるかを別のご著書で分析されています。それが『**すべてはモテるためである**』です。これが教科書の二冊目になります。この本は内容をかいつまんで説明することができないものになっています（つまり、最初からずっと読み進めて、読者が自分を問い直すような構成になっている）。ですので、要約はできませんが、「モテるオタクとモテないオタクの違い」「モテないオタクは、ある種のマンガを自分に都合よく読み間違えている」などといった箇所（前掲書、第二章第四節）が参考になるでしょう。

とはいえ、すべてを二村さんまかせにするわけにもいかないので、僕なりに、学術的にすこし説明を加えておきましょう。参照するのはフロイトです。メランコリーというのは愛する対象を失った場合に起こるのですが、たとえば死などによって愛する対象を失った人でも、全員が全員メランコリーになるわけではないとフロイトは言っています。どういうことかというと、その「愛」がもともと自己愛的傾向《ナルシシズム》を強く持つ場合に、メランコリーになるというのです（「喪とメランコリー」『フロイト全集14』）。

オタクの場合は、そもそも自己愛が極度に強い。だから彼らは自分が、フロイトの指摘しているようなメランコリーに容易に陥ることを多少とも無意識に感じ取っているのではないでしょうか。それ故に、自分をごまかして、別のものによって心の穴を埋めようとする。

回遊魚さんの質問を読んでいますと、大変失礼ながら、この「キモオタ」的なものを感じます。たとえば次の一節。

「さらに自分の問題は、女性との関係構築の不得手を、コミュニケーションがもつ原理的な暴力性（人は人の踏み込まれたくない領域を知ることはできない、など）に対して向き合っているナイーブな俺、という自意識で処理しているところです」

ここには、自意識で処理するのはまずいということが意識できている俺、という自意識が読みとれます。自意識で処理してしまっている俺はダメだ——ということが意識できている俺はダメじゃない、というロジックですね。自分は性的マイノリティーではないと思うが、そうかもしれない——ということが意識できている俺はダメじゃない、というのも同じロジックです。

そして、このロジックはバレバレです。

多分、周囲にもバレバレでしょう。

さて、もし僕が回遊魚さんの近くにいる友人だったら、「お前、自意識を意識できてるなんて無言の主張はバレバレだから、ヤメレ」と言います。まぁ、それを言い続けたら、そのうち変わるかなぁ、みたいに思います。

しかし、ちょっとキツイことを言いますが、回遊魚さんが抱えている問題は更に深化してしまっており、もしかするとかなり慎重に対応しなければならない段階かもしれません。それは回遊魚さんが、

「とはいえ最近はＡＫＢ48の握手会に行くなかで、「人を思う本当の気持ち」のようなものを自分のなかに取り戻しつつある気にもなっています」

と書いていらっしゃるからです。なぜＡＫＢの握手会に行くと、「人を思う本当の気持ち」が取り戻せるのでしょうか？　あなたがＡＫＢの誰かのことを思おうと、ＡＫＢの誰かからあなたへの働きかけはありません。あなたがどんなダメなことをしても、「相手を支配したい」とかどんなにダメなことを考えても、ＡＫＢの誰かはあなたにそっぽを向いたりしません。つまり、回遊魚さんは、恋を愛と取り違えているのはもちろんのこと、相手がいない、シミュレートされた恋（つまり、いかなる失敗も自分に危険を及ぼさない「恋」）と愛を取り違えるという妄想に近い段階に入っています。

しかも、それを回復であると勘違いされている。回復と正反対の方向に邁進しているのに、それを回復と勘違いされている。

回遊魚さんは大変プライドが高い人だと思います。ですから、もしかしたら大変つらい思いを抱えているのに、それを表に出さないように相談も書かれたのかもしれません。自意識を意識できているという段階を超えて、妄想の段階に近づいているのは、そのつらさ故のことかもしれません。

（あと、回遊魚さんは大学院生ですね。僕はもちろんよく知っていますが、大学院生には、一般社会でのそれとはすこし異なる、特有のつらさと疎外感があります。それも関係あるかもしれませんが、ご相談の文面だけではそれは分かりません）

回遊魚さん、寂しいのはあなただけではありません。それをプライドでごまかしてはいけません。プライドなどは、はっきり言って何の役にも立たない。人間の自由を邪魔するだけのものです。

しかし一度取り憑いたプライドはなかなか取り外せません。これは誰かと一緒にやるしかありません。誰でもいいのです。すこしずつそのプライドを無視した話ができる相手を探してください。対面が無理なら、ＳＮＳとか掲示板とかでもいいのです。

参考図書

二村ヒトシ『恋とセックスで幸せになる秘密』イースト・プレス、二〇一一年（増補版は『なぜあなたは「愛してくれない人」を好きになるのか』文庫ぎんが堂、二〇一四年）
二村ヒトシ『すべてはモテるためである』イースト・プレス（文庫ぎんが堂）、二〇一二年
フロイト「喪とメランコリー」『フロイト全集14』（村田純一責任編集）所収、岩波書店、二〇一〇年

5 29歳ですが、まともに長続きした恋愛をしたことがありません

相談者　はらぺこあおむしさん（大阪市・29歳・女性）

Q.

私の悩みは、モテない、彼氏が出来ない、ということです。29歳ですが、まともに長続きした恋愛をしたことがありません。好きな人が出来てもふられてばかり。特に同年代にはウケが悪く、姉さん扱いされます。まだ数年前まではおじさまによくかわいがっていただきましたが、既婚者に興味はありません。たまに誘われてコンパに行きますが、連絡先を交換しても、その後二人で会った人はいません。このままずっとひとりなのでしょうか。

ちなみに趣味は読書、映画鑑賞など。それほどマニアックな好みではないと思いますが、話が合う人にはなかなか出会えません。理想が高いのでは？　とよく言われますが、何を望んでよくて何を望んではいけないのかがよくわかりません。どうぞお知恵をお貸しください。

よろしくお願いいたします。

A.

相談をありがとうございます。

はらぺこあおむしさんのご相談の中で、私が一番心打たれたのは、「はらぺこあおむし」というペンネームです。このペンネームは、はらぺこあおむしさんの心をなんと見事に表現していることでしょう。「はらぺこあおむし」という文字列、八つの文字からなるこの語を見ながら、それが、さみしさと空白を、しかし同時に、ゆったりとした落ち着きとどこか素敵な感覚を表現していることに気がつきました。

『はらぺこあおむし』は言わずと知れたエリック・カールの絵本ですね。原題をご存じでしょうか――*"The Very Hungry Caterpillar"*。「ザ・ヴェリー・ハングリー・キャタピラー」です。なんか兵器の名前みたいですね。これを「はらぺこあおむし」と翻訳された森比左志さんには脱帽するほかありません。ここにはまさしく言葉と呼ぶべき言葉がある。

はらぺこあおむしさんへの答えとしては、何と言いますか、このペンネームに私が感じたことを書くほかないという気持ちです。つまり、はらぺこあおむしさんはいまさみしさと空白を感じている。でも、そのことを書き綴った文面から、私は、ゆったりとした落ち着きと素敵な感覚も感じます。それははらぺこあおむしさんが、「はらぺこあおむし」というペンネームを選ぶことができる方だからでしょう。

相談の中に「モテない」という言葉がでてきます。「モテる」というのは大変興味深い現象です。私は数年前に「モテる」とはどういうことなのかを真剣に考えたことがありました。様々な人の意見を集め、また「モテる」人間を観察しました。私の周囲には、どう見てもブサイクなのにものすごく女の子にモテるやつがいましたので、そいつのこともこっそり研究しました。数ヶ月にわたる研究の末に私は一つの結論に到達しました。

「モテる」とは「敷居が低い」ことを意味している——これが私の結論です。何らかの理由で或る人物の中に他人が入りやすくなっているとき、その人物は「モテる」のです。これはよくよく考えれば分かることです。すごいカワイイ子が必ずしもモテるわけじゃない。美男子が必ずしもモテるわけじゃない。

敷居が低いとなぜモテるのでしょうか。この連載における恋愛相談の指定参考図書、二村ヒトシさんの『**恋とセックスで幸せになる秘密**』から適切な言葉を引用するなら、誰しもが「心の穴」を抱えており、そして、少なからぬ人がその「心の穴」を誰かに恋することによって「埋めよう」としているからだと思います（前掲書52－55ページ）。

この人なら分かってくれる……。この人といれば「さみしさ」から解放されるんじゃないか……。この人といれば「なりたい自分」になれるかも……。

そういう気持ちになる人は多いし、むしろ普通のことかもしれません。そういう人はいつも「心の穴」を埋めてくれる人を探している。だから、たまに「敷居が低い」人を見つけるとその人のところに入っていこうとするのです。しかしそうやって「心の穴を埋めるために恋愛をしていると、かならず「しっぺがえし」をくらいます」（同55ページ）。

多くの人の憧れの対象になるのと「モテる」のとは全然違います。憧れは「あの人のようになりたい」「あの人がいてくれてうれしい」という、憧れを抱いているその人本人の力になる気持ちです。周囲の人に憧れを抱かせるような人は、とっかえひっかえ誰かと付き合ったりはしません。

それに対し、「モテる」のは、欠落を埋めて欲しいという人たちが殺到する状態です。だからとっかえひっかえ誰かと付き合ったりします。そして、その低い敷居を、〝マタを開いて〟またいだ人は、ひどい「しっぺがえし」をくらいます。

そもそも、「モテる」人自身もまた、その人自身が自分の「心の穴」を敷居を下げることで埋めようとしているのかもしれません。「モテる」というのはすこしもいいことではありません。

二村さんが「心の穴」について、本当にすばらしいことを言っています。

「「心の穴」からは確かにさみしさや欠点が出てくる。しかし、あなたの魅力もそこから生まれている」（同56－57ページ）

僕が「はらぺこあおむし」というペンネームにさみしさや空白を感じながらも、ゆったりとした落ち着きと素敵な感覚を感じた理由がお分かりいただけますか？　誰もが「心の穴」を持っている。けれども、二村さんの言葉で言えば、幸せな人というのは、その「心の穴」を無理に塞《ふさ》いだりしようとせず、おりあいをつけているのです。心からの充実感なんてウソなのです。しかし、ほんのりとした充実感はありえます。横っちょに大きな穴があいていて、もしかしたらそこに落ちてしまうかもしれないけれど、うまくこの辺りに立っていれば落ちないし、楽しいこともできる……。そんな感覚でしょうか。

はらぺこあおむしさんの心の穴に由来するさみしさや欠点が、もしかしたら誰かを遠ざけたことはあるかもしれません。でも、その穴ははらぺこあおむしさんの素敵な感覚の根拠でもあります。それを大切にしてください。

参考図書

二村ヒトシ『恋とセックスで幸せになる秘密』イースト・プレス、二〇一一年（増補版は『なぜあなたは「愛してくれない人」を好きになるのか』文庫ぎんが堂、二〇一四年）

6 婚外セックスに虚しさを感じ始めました

相談者　ミスター・パコさん（神奈川県・32歳・男性）

Q.

32歳・既婚（共働き）・子ども無・金融機関勤務の男性です。本日は「既婚男性の幸せとは何か？」について質問させて下さい。

私は結婚三年目ですが、じょじょに妻との情熱も静かに消え、いつしか夜の営みもなくなってきました。もちろん、今も妻が嫌いというわけではありません。穏やかな性格の妻に不満はなく、日々何気ない会話を交わし、週一回は映画や外食に出かけるくらいには、円満な関係を保っています。しかし安心しきって床に転がる妻をみると、ときに倦怠感に満ちた負の感情が湧いてくることを否めません。

そこで私は、ありあまったエネルギーを課外活動へとむけ、たまに不特定多数の女性との婚外セックスを楽しむことにしました。旧友、呑み会、合コン、バーで知り合った女性……。

一夜限りや不定期に会う関係など、それぞれ充実した毎日をすごしてきました。ですが、このところ中途半端な男女関係に虚しさを覚えています。それぞれの瞬間は楽しいのですが、結局はどこにも辿りつかないままで関係は終わるだけです。お互い本気にならないように慎みながら、その場の快楽をむさぼるだけのつながりに、このところ虚しさを感じています。

あるいは良い相手ができたら妻とは別れ、その人と新たな人生を生きるべきなのかもしれません（一世を風靡した『失楽園』のように）。しかし、「情熱は冷めたものの関係は良好」という、ぬるま湯のような結婚生活は捨て切れません。もしかすると、性的な魅力と、人生の伴侶としての相性は別なものではないか。どんな情熱もやがてしぼみ、いつしか淡々とした日常に埋もれていくのではないか……。

國分先生、既婚男性の幸せとはなんなのでしょうか。できれば先生の結婚観・異性観を交えながら、ご教授いただけると嬉しいです。

A.

ご質問ありがとうございます。

ミスター・パコさんの相談を読んでいてちょっと驚きました。この文面から奥様の人物像が全く見えてこないからです。「結婚生活」が問題になっているのですから、これはミスター・パコさん一人の問題ではなくて、結婚している二人の問題です。しかし、ミスター・パコさんの文章を読んでいても、もう一人の当事者を想像することができません。ほぼ不在。これは何を意味しているでしょうか？

簡単です。ミスター・パコさんは奥さんのことを全く考えていないのです。「既婚男性の幸せ」を自分一人の問題として考えている。だから、奥様がミスター・パコさんの頭の中で不在なのです。

ミスター・パコさんは、奥様に性的な魅力を感じなくなり、いわゆる浮気行為をしてきたとお書きになっている。この点についてまず書いておきたいのは、「浮気行為をした人というのは、それを誰かに言いたいのだろうなぁ」ということですね。

ミスター・パコさんの相談の中で、この点についてだけ記述が非常に具体的で詳細です。「旧友、呑み会、合コン、バーで知り合った女性……。一夜限りや不定期に会う関係など、それぞれ充実した毎日をすごしてきました」。なぜ具体的で詳細かといえば、当然、それを具体的に詳細に言いたいからです。

哲学者のスラヴォイ・ジジェクが紹介しているこんな「下品なジョーク」がありま

す。

「船が難破し、貧乏な田舎者がたとえばシンディ・クロフォードと一緒に無人島に漂着する。セックスの後、女は男に「どうだった？」と聞く。男は「すばらしかった」と答えるが、「ちょっとした願いを叶えてくれたら、満足が完璧になるんだが」と言い足す。頼むからズボンをはき、顔にヒゲを描いて、親友の役を演じて欲しいというのだ。「誤解しないでくれ、俺は変態じゃない。願いを叶えてくれれば、すぐに分かる」。女が男装すると、男は彼女に近づいて、横腹を突き、男どうしで秘密を打ち明け合うときの独特の流し目でこう言う。「何があったか分かるか？　俺、シンディ・クロフォードと寝たんだぜ！」」

（スラヴォイ・ジジェク『**ラカンはこう読め！**』28ページ）

分かりますよね？

この「言いたい」という気持ちのことをまずはよく考えてみてください。その上で、奥様の不在について考えてみましょう。

奥様がミスター・パコさんの頭の中で不在であるということは、奥様について想像力を働かせていないということを意味します。いいですか、ある人がいつもと違うことをしたら、その人と一緒にいる人間というのはだいたいそのことが分かるものです。奥様がミスター・パコさんの浮気行為に気付いていないということはないでしょう。気付いているのに言わないか、気付いているのに無意識のうちにそれを抑圧しているか、そのどちらかです。

もし気付いているのにわざと口にしないのだとしたらどうでしょうか？　彼女は自分の亭主が外で誰かと性行為をしていることを想像します。おそらくそれは耐え難いはずです。人間は耐え難いことに直面したときにどうするかといえば、それを忘れようとしたり、知らない振りをしたりします。そして、それがよりいっそう耐え難くなると、その耐え難いことの原因となっている人間に復讐しようと試みます。

この場合、その復讐として最もよくあるパターンは、仕返しに自分も浮気行為をするというものです。この仕返しとしての浮気行為において重要なのは、それが積極性を全く欠いているということです。誰でもいい、為《な》されるがまま。自分の亭主への当てつけのためだけに行われるのだから当然です。

そうするとどうなるでしょうか？　浮気行為における主導権は、彼女の浮気相手の男性に完全に委ねられることになります。要するに、その女性は、浮気相手の男性の言うことを何でも聞くようになります。酷い扱いを受けても平気です。なぜなら、酷い扱いをされればされるほど、当てつけとしての効果が高まるからです。

私は奥様が実際にそのような状態になっているなどと言いたいのではありません。ミスター・パコさんの文面からは奥様がどういう女性なのか、全然分からないのですから、もちろん違います。しかし、一度、こういうことを想像してみてください。奥様がミスター・パコさんの浮気行為を想像してつらい思いをし、その仕返しにこんなことをするかもしれない、と。いや、もうしているかもしれない、と。

それでも平気ですか？　平気だったら別れた方がいいです。

平気じゃなかったら、浮気行為の経験を誰かに言いたいなんてくだらない幼稚な願望とはおさらばして、奥様との関係のことを考え直した方がいいでしょう。

私としては正直に奥様に「いま君に性的な魅力を感じない」と言ってみることをお勧めします。それを言うのはなかなか大変かもしれません。しかし、それを通じて、二人が性的な満足を得るための新しい道が開けるかもしれません。その新しい道は、どんなに常道を外れていてもいいのです。「君じゃない人とやりたい！」という気持ちだって、伝えてみればいいんです。何か新しい道が開けるかもしれません。

その際に重要なのは、常道を外れることを恐れないことです。変態的なあり方でもいいということです。大切なのは二人で「こうしたい、ああしたい」と言い合うことです。

参考図書

スラヴォイ・ジジェク『ラカンはこう読め！』鈴木晶訳、紀伊國屋書店、二〇〇八年

7　マスターベーションばかりしてしまうのですが、どうすれば良いですか？

相談者　希志あいのは天使さん（東京都・21歳・男性）

Q.

暇な大学生（男）なのですが、マスターベーションばかりしてしまいます。どうすれば良いですか？　暇で退屈なので性欲を浪費（消費？）しています。彼女はいるのですが社会人で忙しいし、それにそういうことばかり求めるのもなんだか申し訳ない気がします。浮気やナンパなどにも手を出してみたのですが長続きしません。本当はもっと映画を観たり英語の勉強をしたりして自分に投資したいのですが……性欲の強い私のような人が、時間をもっと有意義に使うにはどうしたらよいと思いますか？

A.

質問ありがとうございます。

ご質問、大変興味深く伺いました。

希志あいのは天使さんは、このすばらしいペンネームからも分かるようにかなり知性派と推察します。

たぶん悩みは本当のことだと思うのですが、他方で、絶妙な距離感でそれをおもしろがっている感じもあります。消費／浪費の区別という僕が自著『暇と退屈の倫理学』で展開した議論についての知識をさらりと披露しつつ、自己主張も怠らない（「浮気やナンパなどにも手を出してみたのですが」──つまり、自分は「浮気やナンパ」はできる人間である、と）。なるほど……。

そして、なんといっても僕は、「マスターベーション」という言葉に反応しました。21歳の大学生は「オナニー」とは言っても、「マスターベーション」とは言いません。この言葉の選択、そしてそもそもこの言葉を思いつくところに、僕は希志あいのは天使さんの知性を感じます。

というわけで、知性派の希志あいのは天使さんには、ある偉大なる知性の持ち主を紹介したいと思います。その名も、古代ギリシャ・キュニコス学派の一人、シノペのディオゲネスです。

キュニコス学派は、ディオゲネスの師匠であるアンティステネスが創設した一派で、犬儒学派、皮肉派とも言われます。

「キュニコス」はギリシャ語で「犬のような」という意味です。彼らは社会規範を無視し、自然から与えられたものだけで満足して生きることを目指したと言われており、周囲からは「犬！」と罵倒されていました。

また、そうした罵倒に対して、常に皮肉をもって返答していたものですから、「皮肉派」とも言われるのです。なお、英語の「シニシズム」とか「シニカル」といった言葉は、この「キュニコス」に由来します。社会の風潮などを冷笑する態度のことですね。

さて、これがキュニコス学派の一般的な説明なのですが、僕はこういう説明はどこか間違っていると思っています。キュニコス学派というのは、社会規範を無視しているとか、場合によっては禁欲的とかも言われるのですが、少なくともディオゲネスを見ている限り、そういうことではないのです。彼は要するに豪快な思想の持ち主であり、そしてそれが彼の真剣さとつながっているのです。

ある時、アレクサンドロス大王がディオゲネスの前に立ちはだかってこう言いました。「お前は余がおそろしくないのか？」。彼は答えます。「あなたは何者なんです？善い者なのですか、それとも悪い者なんですか？」。大王は言います。「むろん、善い者だ」。彼は答えました。「それでは、誰が善い者をおそれるでしょうか」。いい話ですね。

他にはたとえば……ある人が彼に角材をぶつけておいて、しかもその上、「気を付けろよ！」と怒鳴った時、彼はその男を杖で殴りつけてから、「気を付けろよ！」とやり返した。ある人たちが宴会で、まるで犬にでもやるかのように彼に骨を投げつけたら、彼は帰りに、ちょうど犬がするように彼らに小便をひっかけた。とにかく豪快なエピソードに事欠かない人です。

しかもこれらのエピソード、筋が通っているわけです。彼を「社会規範を無視して……」などと説明する人というのは、社会で通用している紋切り型の考え方にどっぷり浸かって、そのことについて考えてみようとしない人に他なりません。

では、なぜ希志あいのは天使さんにディオゲネスを紹介するのかというと、このディオゲネスという人はオナニーが大好きだったからなのです。彼は、オナニーは自分一人で、自由に、しかも簡単に快楽を得られるから、こんなにいいものはないと言っていました。

しかも、さすが犬儒学派です。彼は、人が見ていようと、ところ構わず、どこでもオナニーをはじめたらしいのです。ある時、彼は広場でオナニーしながら、「ああ、お腹もこんなぐあいに、こすりさえすれば、ひもじくなるというのならいいのになぁ」と言っていたそうです。

オナニーを思う存分に楽しんでいたディオゲネス。彼はコスモポリタン思想の持主でした。「君はどこの国の出身だ？」と尋ねられて、彼は「私は世界市民《コスモポリテース》だ」と言ったと伝えられています。

彼は人間が作り出したもの（これを「ノモス」と言います）には価値をあたえず、自然の中に現れ出たもの（これを「ピュシス」といいます）を重んじました。彼にとっては国家など人間が作り出したノモスに過ぎないのです。

またそのような思想のためか、彼は貨幣を偽造したと言われており、その罪で一度街を追われています。しかし、貨幣によって貧富の差が生じ、貨幣によって人が誰かの奴隷にもなるのだとすれば、彼が、ノモスの一つに過ぎない貨幣を勝手に作り替えたというこの逸話も十分に理解できるものです。

さて、どうでしょうか？　オナニーばかりしていながらも、立派なことを考えた人がいます。希志あいのは天使さんも、オナニーばかりしていることをすこしも恥じることなどないのです！

そして、もしも、自分の先人に関心をもったなら、是非ともこの偉大なるオナニスト哲学者ディオゲネスについて調べてみてください。彼は多くの古代ギリシャの哲学者同様、著作が残っていません。しかし、ディオゲネス・ラエルティオスという人（いま話題にしているディオゲネスとは別人です）の『ギリシア哲学者列伝（中）』に、彼の人生と主張が記されています。とてもおもしろい。というか、最高です。これを読んでいたら、映画を見たり、英語を勉強したりといったことにも気が向いてくるかもしれませんね。

ところで、最後になりますが、今の彼女とは長続きしないので、彼女とのことは何も心配する必要はないでしょう。

参考図書

ディオゲネス・ラエルティオス『ギリシア哲学者列伝（中）』加来彰俊訳、岩波文庫、一九八九年

8 義両親の態度が「ゴネ得」に感じられてしまいます

相談者　アキラさん（大阪府・35歳・男性）

Q.

私には結婚して丸三年の妻がいます。妻の両親との付き合いで大きな悩みを抱えていてご相談です。価値観が合わず、お互いに歩み寄れないのです。

結婚したのならば「マイカー、マイホームを購入し、子どもを作るべきだ！」という考え方にどうしても同意できません。私は車が好きな人は車を、家が欲しい人は家を買えばいいと思っています。が、それが絶対的な義務（正義）だと主張されるとどうしても反発する気持ちが生まれて来てしまいます。

「高度成長期信仰」とも言うべき、別の価値観を想像しない固い信念が受け入れられないのです。車や家や子どもがイヤなのではなく「価値観の押しつけ」がイヤだという事を伝えたいのですがどうしても伝わらず悩んでいます。

また妻の両親は「親の老後は子どもたちが面倒を見るべきだ」という考え方を強く持っています。「自分たちも親の面倒を見て来たのだし、大変でもそれが当たり前だ」とよく言われます。主張は強烈です。

私の親は「子ども夫婦にこうして欲しい」という主張は基本的にありません。「二人で決めればいい」というスタンス。つまり「注文の多い親」と「注文をつけない親」が私たち夫婦にはいて、そうなってくると多少お互いに妥協をするとしても「注文の多い親」の方が結果として得をする状況が生まれてしまっています。

私にはこれが「ゴネ得」に感じられてしまい、どうしても妻の両親が好きになれず悩んでいます。

愚痴っぽい相談でスミマセン。どうぞよろしくお願いします。

※ちなみに妻は私の主張に半分は同意してくれるのですが、実家に遊びに行く度にリセットされて帰ってくる感じです。

A.

ご質問ありがとうございます。

アキラさんが陥っている事態は大変深刻なものであり、僕はいま相当に真剣に、慎重に言葉を選んで回答を書いています。

もしかしたらアキラさんは「高度成長期信仰」云々の部分について答えて欲しかったのかもしれませんが、それは実は全くもってどうでもいいことです。

今回のご相談内容の最も重要な部分は、アキラさんが最後に※印を付して、「ちなみに」という但し書き付きで書いてくださった部分です。これを書いてくださっていて本当によかった。本当によかったです。僕は自分のことではないのに、「ありがとう」という気持ちになりました。

話はちょっとだけ込み入っています。ゆっくり読んでください。

今回のご相談内容の本文を読むと、多くの人は不可解に思うはずです。なぜかというと、奥様が両親の主張をどれほど、またどのように代弁するのかについて、全く書いてないからです。

なぜアキラさんはそれを書かなかったのでしょうか？　僕は間違いなく次のような

事態であろうと思います。アキラさんには奥様の態度や立場がうまく飲み込めていない。つまり、アキラさんは自分自身に対しても、奥様の態度や立場をうまく説明できない。

僕が言いたいのはこういうことです。奥様は一見すると確かに両親の主張を代弁するようなことを言う。けれども、どうも確信をもって代弁しているわけでもない。だが、アキラさんに対しては、どうしても両親の側に立ってそれを主張せずにはいられない。とはいえ、どうもそれも彼女の本心とも思えない……。というわけで、いったい彼女が何を欲しているのかがよく分からない……。

要するに、奥様は両親の側にいるのか、そうではなくて自分の側にいるのか、それが分からないということですね。だからこそ、「妻は私の主張に半分は同意してくれる」。でも、「実家に遊びに行く度にリセットされて帰ってくる」。いったいどっちなのだろうか……。こういう事態になるわけです。

なぜこのような二律背反的な態度が出てくるのでしょうか？

以下は完全に僕の推測ですから、耳を傾けるかどうかは、当然、アキラさんご自身の判断ですが、奥様は両親に心を支配されているのだと思います。

奥様の態度、そして、すべてを自分たちの都合で決めつけてくる奥様の両親の態度から見て、これはほぼ間違いないでしょう。この心の支配は、幼い頃からの積み重ねによって出来上がってきた、「自分自身に対する裏切り」と呼ぶべき事態です。

アルノ・グリューンという精神分析学者の説を引用しましょう。グリューンは『**人はなぜ憎しみを抱くのか**』で次のように言っています。

「子どもは、親と心のつながりがなければ生きていけません。ですから、子どもは親の歓心を買うためならなんでもします。そうやって得られた結果を、自分への親の愛情と見なして、いつまでも保持しようとします。子どもは、親の愛情や親の注意が自分に向けられていることを必要とし、そうでないと生きていけません。必要としているからこそ、親に冷たくされたり受け入れられなくなることには、耐えられないのです」（17ページ）

子どもは親に愛情を注いでもらっているという気持ちがなければ生きていけません。愛情の欠如には耐えられません。だから愛情が欠如した状態に生きる子どもは、愛情が欠如した状態にあっても、これこそが愛なのだと自分で思い込もうとします。そうして、もともとは愛情の欠如をうすうす感じていたのに、それを感じなくなっていくのです。その感覚を麻痺させるのです。その感覚が麻痺しないと生きていることがつらいからです。

また、愛情が欠如した状態に生きていると、親の歓心を買うためなら何でもするようになります。親はしばしば、自分たちの都合のためであるのに、「あなたのためを思って言っているのですよ」と言って子どもに命令を下すことがあります。愛情が欠如した状態に生きている子どもは、このような命令に喜んで従います。なぜなら、それによって親の歓心を買うことができるからです。

こうして愛情が欠如した状態に生きる子どもは、自分の感覚を信じられない人間、そして、親の言うことを何でも聞く人間になっていきます。グリューンはこれを「自分自身に対する裏切り」と呼びました。

注意して欲しいのですが、「自分自身に対する裏切り」はどんな人にも多少あります。なぜなら欠けるところのない無条件の愛情をずっと注いでもらって生きてきた人などいないからです。どんな親の愛だって、やはり多少は条件がついているのです。だから誰しもが心に多少傷を負っています。友人との関係、恋人との関係、社会や世界との関わりの中で、傷をすこしずつ癒しながら人間は生きていきます。

しかし、時折、傷があまりに酷く、なかなかそれが癒せない場合があります。そうすると、親の歓心を買うために命令に積極的に従うという傾向が強く残ってしまいます（もちろん、親ではない人間の命令に積極的に従うようになる場合も多々あります）。

アキラさんの話に戻ります。

奥様は両親に心を支配されているために、どうしても親の代弁をしてしまいます。娘夫婦の意向など全く考えずに要求を次々に下してくる人たちですから、奥様に対しても幼い頃から「あなたのためを思って言っているのですよ」という類の命令を下していたでしょう。

ですが、希望があります。事態は実に困難で、それを打開するには多大な努力と忍耐が必要になるとは思いますが、希望があります。

それは奥様の心は死んでいないということです。

奥様は確かに心を支配されている。しかし、奥様はおそらく違和感を捨てていません。だからこそ、アキラさんにも同意してくれるのです。また、アキラさんが飲み込めずにいる不可解な態度をとってくるのです。

もし奥様が完全に両親側にいるのならば、その態度は余りにも単純であって、アキラさんもそれを簡単に飲み込めるでしょうし、僕にも簡単に説明できたはずです。うまく説明できなかったところに、希望があります。彼女の心の中にある、親に対する奴隷感情とそのことに対する違和感との葛藤。それこそが希望です。

これからどうしたらよいでしょうか。

奥様が両親との関係で悩んだこと、悩んでいることはありませんか。それをとにかくきちんと聞いてあげてください。そして、もしも奥様の中に両親に対する不満のようなものを感じたら、それをすこしずつでいいから口に出して言ってみるように促してみてください。親に従属するようになってしまった人間は、親に対する不満を一度も口にしたことがありません。ですから、それをはっきりと口に出して言うだけで驚くほどの効果があります。自分の中にあった、自分が押さえ込んでいた気持ちが現れ出て、頭の中で対象化されていくのです。つまり、自分が親のどこにどんな不満を抱いていたのかを自分で理解できるようになっていくのです。

そこからはかなり進め方が難しいのですが、たとえば、奥様が両親にその不満をはっきりと述べるのもいいでしょう。アキラさんが付いて行ってもいいかもしれません。また、奥様が、自らの両親への不満を理解した後でも両親の要求について理解できる部分があったのなら、それは大切にすべきでしょう。もし二人で、奥様の両親の要求には理不尽なところがあるという結論に達したなら、次にそのような要求が出てきた際にはきっぱりと断ることにしようと話をすることもできるでしょう。

いずれにせよ、奥様の両親とはしばらくはやり合わなければなりません。これはいまのうちにやっておかなければ大変なことになります。

アキラさんは子どもをつくる予定はありますか。こういう両親がいて、子どもができると、事態は一気に深刻化します。彼らの孫に関する要求というのは常軌を逸しているからです（主婦雑誌を見ると、その事例がわんさか投稿されていますよ）。かわいい……、大事にしている……、なぜそれなのにお前らはその気持ちを理解しないのか、という論法で自分たちの要求を次々に突きつけてきます。

最終的な落としどころですが、もちろん、奥様の両親に理解してもらって、仲良くなるのが一番です。しかし、正直言って、それは難しいと思います。ですから、距離を取れるようになることを目指してください。「あいつらに何か言っても無駄だ」と思われるような関係です。

また最悪の場合には、縁を切ることも可能です。それは決して大それたことではなくて、よく行われています。それぐらいの覚悟が必要です。親との関係というのはそれぐらい大変なものなのです。

しばらくは相当な努力が必要になるでしょう。でも、どれほど大変なことであろうとも、愛があれば乗り越えられます。これはきれい事を言っているのではなくて、

「こいつのことが好きだ……」という気持ちはけっこう強くて、なかなか動かせないものです。アキラさんは奥様のことをとても大切にされているように思いました。つらい時はそれを思い出してください。

参考図書

アルノ・グリューン『人はなぜ憎しみを抱くのか』上田浩二・渡辺真理訳、集英社新書、二〇〇五年

9　断っても断っても誘ってくる相手に諦めてもらいたいです（手を汚さずに）

相談者　ニコニコンちゃんさん（京都府・28歳・カメラマン）

Q.

大学卒業後プロのカメラマンのアシスタントを経て、二年前からフリーになりました。独立直前に小さな賞をいただいたことから、ありがたいことに多忙な日々を送らせていただいてます。

職業柄出会いはある方ですが、基本的に仕事人間なうえに激務で、生活リズムもあまりに不規則なため、もう何年も彼氏はいません。そもそも好みのタイプが「かなり年上」で「不倫はNG」なので、正直なかなか好きな人ができないのです。

さて、そんな私にも言い寄って来る奇特な男性はいて、最近だと高校時代隣のクラスの担任だった既婚男性H（45）、仕事で何回か会っただけの同業者の未婚男性S（41）、編集兼ライターの既婚男性A（38）なんかがいます。全員見た目も性格も違うタイプなのですが、私がいくら断っても断っても諦める気配がないことが共通しています。

「家族で旅行に行ったんだけど、お土産買ってきたよ！」

「Twitterで牡蠣《かき》食べたいって言ってましたね。週末一緒に行きませんか」

「この写真集がすごく良かったからプレゼントしたいんだけど、自宅の住所聞いてもいい？」

等々、もはや何かの罠としか思えないお誘いに対して、最初は丁寧にお断りの返事をしていたのですが、段々そのコミュニケーションを取るのも面倒くさくなってきて、最近はほとんどまともに返さない状態が続いています。

しかし、それでも奴等は諦めないのです。今日もまたひとつ、Facebookで食事のお誘いのメッセージが届きました。相談した友人には「断り方が甘い！」と怒られたりもするのですが、「好きな人がいる」「今は仕事で精一杯」「あなたとは無理」と言ったところで彼等は通り一遍「俺は待ってるから」とか言うんです！

一体どうしたら諦めてもらえるのでしょうか。なるべく手を汚さず、きっぱりと諦めてもらえる一手についてお心当たりがあれば、ぜひご教授ください。よろしくお願いします。

A.

ご相談をお寄せいただきありがとうございます。

……と言いたいところなんですが、うーん、これって相談なんですか？

いつもこういう場合は前置きしているんだけど、めんどくさいから、もういきなり書きますけど、ニコニコンちゃんさんは、彼氏を欲しい気持ちは意外と強い。が、仕事の充実感でそれはごまかせている。とはいえ、ごまかせない部分もある。言い寄ってくる人間というのは、いわば、「自分はまだ大丈夫である。自分に惹かれる男性はまだまだいる」ということの確認材料。しかし、そうやって彼らを慰みの材料にしている事実にもうすうす気付いているので、こうして相談することで「自分は彼らを鬱陶しいと思っているのであって、彼らを自分の慰みにはしていない」と自分に言い聞かせている……。

こんな感じじゃないでしょうか？

すみません……。こんなこと言われて腹が立つだろうと思うのですが、うーん、しかし、そうとしか思えないです。

だって、もし彼らの誘いが本当に鬱陶しかったら、

「家族で旅行に行ったんだけど、お土産買ってきたよ！」

「Twitterで牡蠣食べたいって言ってましたね。週末一緒に行きませんか」

「この写真集がすごく良かったからプレゼントしたいんだけど、自宅の住所聞いてもいい？」

なんて、彼らの誘い文句をわざわざ自分で打ち込んで僕のところにまで送るなんてできますか？　できませんよね。こういう文句自体が鬱陶しいし、見たくないはずですよ。

更に話を一歩進めると、ニコニコンちゃんさんは、鬱陶しがってるけど、多分、どこかで彼らに「メッセージ送ってもいいよ！」という無意識的メッセージを発しているんだと思います。

フロイトという人が無意識についていろいろ語ったのはご存じでしょうか？　無意識というのは勝手にメッセージの送受信を行います。つまり、意識では「私はあんなやつらは鬱陶しいと思ってるのよ。ヘン！」って思っていても、その実、彼らを慰みものにしていると、意識しない動作が彼らにメッセージを送るのです。すれ違う時の距離とか、目線とか、断る際の言葉の選択とか、断りのメッセージを送るタイミングとか、いろいろありますよ。

そうですね、フロイトの「日常生活の精神病理学」を読むといいかもです。そんなに難しくないです。単純に、ものすごいおもしろいですよ。

僕も、何というか、説教くさくなるのはイヤだし、別にニコニコンちゃんさんに「お前さ、相談にみせかけて、自慢してんじゃねーよ」とか言いたいわけじゃないです。とにかく、相談内容の中心部については、何というか、こういうことしか言えないです。

ただ、一点気になったことがあります。

お仕事のことです。

もしかして、多少不安がありますか？　直アシを経て、賞を取って、フリーになって……。多分、それを何とかこなしてきたニコニコンちゃんさんは立派だし、才能もあるのだと思います。そのことによる自信もおありでしょう。

しかし、どういう写真をお撮りになっているのかは分かりませんが、フリーでやっていくのって本当に大変ですよね。あと、頼まれ仕事を次々にこなしていくのは、それが好きならいいけど、何か「自分の撮りたいものを撮りたい」という気持ちを持っている人にはつらいところもあるようです。

また、ずっとこういう生活を続けていけるのかという不安も出てくる。

もしかしたら、いまは自信と不安がそれなりのバランスをとっているけれど、ちょっとしたアクシデントがあると、そのバランスが崩れるかもしれない……と予感されているのかもしれません。

たった十歳上の僕が偉そうなことを言いますが、人生には心の中の自信と不安のバランスを著しく乱すアクシデントがいくつも起こります。ニコニコンちゃんさんはまだ二十八歳です。これから公私ともに様々なアクシデントに遭遇するだろうと思います。

ただ、そういうことを予感しているだけで、事態は最悪のものにならずにすみます。ですから、もしニコニコンちゃんさんがそうした予感を持っているなら、それは貴重なことです。それを大事にしてください。予感をあまり怖れすぎずに、うまく自分の仕事の着地点を見つけていってください。

あと、最後に、ここまで書いて気付いたんですが、ニコニコンちゃんさんが僕の友人で、飲み屋かどこかでこういう相談をされたら、僕はやっぱり、「お前さ、相談にみせかけて、自慢してんじゃねーよ」って言うなぁと思いました。

参考図書

フロイト「日常生活の精神病理学」『フロイト全集7』（高田珠樹責任編集）所収、岩波書店、二〇〇七年

10 仲良くしようとしてくる親が気持ち悪くて耐えられません

相談者　あいおちさん（東京都・22歳・大学生）

Q.

國分先生へ。

どうしても答えて頂きたいご相談がありメールを差し上げました、あいおちと申します。都内在住、22歳の男子大学生です。

相談というのは両親との接し方についてです。幼少期に私の両親、そして両親と祖父母（主に嫁・姑）は大変仲が悪く、誰かが家の中で言い争いをしていることは日常茶飯事で、私は常に不安を感じていました。祖父母、両親が離れて暮らすようになった後も家庭内の諍《いさか》いは収まらず、両親は私が中学生の頃、別居状態でした。

家の中は常にピリピリした雰囲気で、その不機嫌は一家の中で一番弱い立場にあった私にぶつけられることがしばしばありました。ちょっとした落ち度に対して二人の姉から執拗に追及されたり、両親からは否定的な言葉を投げかけられ、安らげる瞬間がほとんどありませんでした。人格形成を全て、環境のせいにはできませんが、人の顔色を必要以上に窺うような性格になったように感じられ、自尊感情も上手く育てられなかったように思います。

私は少年野球を一生懸命にやっていましたが、京都大学出身の父は、私を中高一貫の進学校に進めるため、塾に通わせました。そこで思ったように上がらない私の成績に腹を立て、「お前は野球をやっているから頭が悪いのだ」とまた、否定的な言葉を絶えず投げつけるようになり、結局やめることになりました。中学受験に成功し、中学に入り、また大好きな野球を部活で続けられていましたが、成績が悪くなるとまた厳しく叱られるようになり、小学生時代の嫌な記憶がありましたので、今度は自分から野球をやめました。成績の低下を理由に携帯電話を取り上げられ、周囲の友人とはどんどん疎遠になっていきました。また、野球をやめた頃から体調が常に悪くなり、現在までずっと悩まされています。過去の嫌な記憶、自身に対する否定的な思いも拭い去れないままです。

よくあるトラウマ語りの様な話ですが、その両親が、私が彼らの元から逃れるために、東京の大学に進学をした頃から「仲良く」しようとしてくるのです。「文化系トークラジオLife」というラジオ番組で、「無理やり家族っぽいことをしてこようとすることを「ファミハラ」（ファミリー・ハラスメント）と呼ぼうぜ」というメールが読まれていましたが、まさにそんな感じです。

母親は私に姑の悪口を散々聞かせていたくせに、「おばあちゃんを大事にしなさい」などと言って、祖母に会わせようとしてきます。父親は「進路のことで悩みがあれば、相談しなさい」「台風が東京にいっているようですが、大丈夫ですか？」「夏休みに帰ってきたら信州の山にトレッキングに行きましょう」とメールをしてきます。このようなメールを見るたび、両親の身勝手さに戦慄、驚愕し、「なにを今更」と腸《はらわた》が煮え繰り返る思いです。

私はこの両親にどう対応するのが良いのでしょう？　現在、大学四年ですが、就職が決まっておらず、もうしばらくは両親から経済的な自立ができそうにありません。正直、気持ち悪くて仕方ないのですが、父親はある難病に罹《かか》っており、仕事はしていますが、その病気になり、十年以上生きた人はいないそうです。本当にどうしたらいいのか分からないので、ご相談を致しました。取り上げて頂けましたら幸いです。

A.

ご相談、ありがとうございます。

最初に相談を拝見した際、泣きそうになりました。「なにを今更」というのは本当にあいおちさんの心の底から出た言葉でしょう。野球をやめ、おそらくはそのことがもたらした精神的影響から体調も崩すことが多く、しかも、どうやらそれがいまも続いているようです。大変つらい思いをされてきたと思います。まさにあいおちさんはここまで必死で生き延びて来たのだろうと思います。

私の提案は二つあります。

一つ目は経済的な自立に関してです。いまの時点で親の世話になっていることを負い目に思うことはありません。全くありません。早く親の世話にならないようにしたいという気持ちはよく分かります。就活が一年延びるという状況でしょうか。きついとは思いますが、もうすこしだけ辛抱して就活を続けてください。

親からの連絡については、無視すればいいだけです。僕だったら、そんな親から「トレッキングに行こう」なんて言われたらケータイを地面に叩きつけてしまいそうです。だからあまり気にしないようにして、とにかく無視すること。

ただ今後、あいおちさんの親は、連絡を返さなければあいおちさんに非があることになってしまう状況を故意に作って連絡をとってくる可能性があります。その際には、父親の病気が口実として利用されることが考えられます。つまり、あいおちさんが「自分は親不孝をしている」と自責の念にかられるような事態をわざと作り出して、返信をよこさせたり、親の思いのままに動かしたりするのです。

別に悪人でなくても、人は平気でこういうことをします。そういう事態になってイヤな思いをしないように、それだけは注意してください。幸運にも親から離れて暮らしているわけですから、まずはきちんと距離を取るようにすることです。

ただ、親はある時点であいおちさんに泣きついてくるかもしれません。これが最も厄介な事態です。その時のためにも、次のもう一つの提案の方についてしっかりと考えておいてもらいたいと思います。

もう一つの提案というのは、自分の中にある親への気持ちについてよく考えて整理しておいて欲しいということです。

あいおちさんは親のことを「気持ち悪くて仕方ない」と書いていて、親を自分に対する加害者としてかなりはっきりと対象化しているように思います。ただ、まだ自分の中に親へのこだわりが残っている、つまり「自分を愛して欲しい」という気持ちが捻《ねじ》れたまま残っていることはありませんか？　これは純粋な質問です。すこしその点について考えてみて欲しいという問いかけです。

子は親に「自分を愛して欲しい」と願います。ですので、その願いがかなえられない時には、別の仕方でその願いをかなえようとします。その一つが、愛されていない状態を「これが愛なのだ」と思い込もうとすることです。これは本当に最悪の事態なのですが、実にしばしば起こります。

たとえば、自分に対する単なる厳しいしつけに過ぎないものを、「これは愛の鞭《むち》なのだ」と思い込もうとするのです。そうなると自分の感覚（「これは痛い」とか「あの人には愛情が欠けている」とか）を信じられない人間になってしまい、自分の感覚に基づいて判断を下す機能が働かなくなります。

あいおちさんには一度、そのような愛への捻《ねじ》れた渇望がないかどうかを考えてもらいたいと思います。ないならばそれに越したことはないのですが、今回の相談メールだけではそれがよく分からなかったので、一応考えてもらいたいのです。もしかしたら、「気持ち悪い」という感覚は、その捻れた感情の表現されたものかもしれないとも思いましたので。これは単に可能性の話です。

もしもそういう気持ちが全くないのなら、僕はこんな風に考えます。あいおちさんがここまで生き延びてくる間に支えになってくれた人は誰だったのだろう？　全くひとりぼっちでしたか？

精神分析家のアリス・ミラーは、子どもの意志を挫《くじ》き、子どもを従順な臣下にしてしまう親の営みを「闇教育」と呼びましたが、この闇教育を生き抜く中で、子どもには「助けてくれる証人」が必要になると指摘しています。

「『助けてくれる証人』というのは、ひどい目に遭わされている子どもの味方となり、（たとえごくたまにでしかなくとも）その子に支えを与えてくれる人のことです。その支えは、ひどい目に遭っている子どもの日常を支配する残虐さに対抗する力となります。それは、子どもの近くにいるどんな人でもいいのです。学校の先生、近所のおばさん、家の使用人かもしれませんし、子どものお祖母さんかもしれません。その子の兄弟姉妹が『助けてくれる証人』の役割を果たすこともよくあります。助けてくれる証人というのは、殴られ、あるいはほったらかされている子どもに、少しの共感、場合によっては愛情をもたらす人です。教育上の配慮によって子どもを自分の思い通りにしてやろうなどとはせず、その子どもに親しみ、その子が自分は悪い子ではなく、優しくしてもらってかまわないのだと感じられるようにしてくれるのです。その人本人は、自分がその子どもを救うためにどれほど決定的な役割を果たしているか、わかっていないかもしれません。それで別にかまいません」（アリス・ミラー『闇からの目覚め』iiページ）

「助けてくれる証人」がいないと子どもは本当につらい思いをします。実は、「虐待」と見なされるようなことをされていない子どもにとっても、「助けてくれる証人」の役割を果たしてくれる人間というのはとても大切です。多かれ少なかれ、子どもは親によって心に傷をつけられるものだからです。

さて、あいおちさんの場合は「助けてくれる証人」はいませんでしたか？　親戚の伯父や伯母、友人や近所の人、あるいは先生など、誰か話を聞いてくれて理解を示してくれた人はいませんでしたか？　そうした人が一人もいなかったとすれば本当に驚く他ないのですが……。もしかしたらそうした人がいたのに忘れていたりしませんか？

もしも思い出したなら、あるいは思い当たる節があったら、その人にどういうことを伝えたかを考えることで、親についての自分の気持ちがはっきりとしてくるかもしれません。すこし考えてみてください。

また、今そういう人がいないのなら、誰かに思い切って話をしてみるのがいいと思います。その人はあいおちさんにとって、自分の苦しい状況を理解してくれる人になってくれるかもしれません。本当に誰でもいいのですよ。

あと、この件は僕もまだ判断しかねるところではあるのですが、親への不満、ほとんど憎しみの域にまで達している不満を親に伝えるべきなのかどうか、という問題があります。親本人にどうしても伝えたい、はっきり言いたい、と思うのなら、そうした方がいいと思います。しかし、これは伝えなければならないというわけではありません。疎遠になって、不満を伝えることなく、そのまま「もういいや」と思えるなら、それはそれでいいと思います。この点も自分で考えてみてください。

最後になりますが、あいおちさんはこれから親と生きていくのではありません。あいおちさんが一緒にいたいと思う人と一緒に生きていくのです。それが何より大切なことです。自分の苦しさをきちんと話すことができる人、その人が存在してくれていて本当によかったと思える人、そういう人との関係を築いていってください。

参考図書

アリス・ミラー『闇からの目覚め――虐待の連鎖を断つ』山下公子訳、新曜社、二〇〇四年

11　どうすれば前向きに語学を学ぶことができるようになるでしょうか？

相談者　八柳李花さん（京都市・26歳・大学生、詩人）

Q.

語学が伸び悩んでいます。今年に入り、夏休み、無理に一カ月フランスに留学しに行き、少しましになりました。ですが、どうしても大学の語学の単位を落としてしまいます。朝起きれなかったり、授業でさせられるグループワークが憂鬱で休んでしまったり、出席点が足りなくなります。どうすれば初級レベルから脱し、前向きに語学を学ぶことができるようになるでしょうか。

A.

質問ありがとうございます。

最初に僕が考えている語学の原理を述べておきたいのですが、語学の勉強というのは大変才能に左右されます。特に、発音も含めた喋《しゃべ》る能力についてはそうです。配偶者が外国の方であっても、その外国の言葉の発音が全然なっていないという人もいます。要するに外国語の発音に関して、才能がないのです。

しかし、そんなことは考えてみれば当たり前ではないですか？　発音なんて歌を歌うのと同じです。歌がうまい人なんてほとんどいませんよね？　カラオケに行くとずっと下手な歌を聴いていないといけない。歌がうまい人はどんな歌を歌ってもうまい。下手な人はどんな歌を歌ってもヘタ。だから、ある意味でどうしようもないんです。

そしてこれは発音に限らず、ある言語の習得そのものについても言えると思います。やはり何年も外国に住んでいても、その現地の言葉がいっこうにうまくならない人というのがいるんです。自分が生まれ育ったところの言葉以外にはうまく入れない、入っていきたくない……そういう気持ちも含めての「才能」です。もうこれはどうしようもない。

とはいえ、悲観することはありません。語学の世界ほど、努力が報われる世界もないからです。確かに才能の差はあるので、十のことを一の努力で出来てしまう人がいます。しかし、あなたに才能がないなら、十のことを十の努力でやればいいのです。結果は同じです。十のことができるようになります。

ここで重要な問題が出てきます。十の努力をしてでも、十のことを自分のものにしたいのかどうか？　そこまでして語学を本当にやりたいのか？

語学の問題というのはここに尽きます。十の努力をしてでも十のことを身につけたいという欲望があるなら、十の努力が出来ますので身につきます。しかし、そういう欲望がないなら無理です。語学とは努力を強いるものであり、努力を可能にするのは欲望です。

確かに発音がよくならないことはあります。しかし、聞いて理解したり、読んで理解したり、きちんと意思疎通して議論したりということは出来るようになります。ただ、やはり問題は欲望なのですよ！　そこまでやりたいか、何としてでもそれをやりたいという必要を感じているか……。

最後に小話を……。

日本を代表するドイツ語学者に関口存男《つぎお》という人がいます。この人の著作集には、なんと教科書が入っています。彼の執筆したドイツ語の教科書は、作品として読まれるべき水準に到達しているのです。本当にすごい方です。関口先生は『冠詞』という冠詞についての長大な研究書を出されています。

僕はこの関口先生が大好きなんです。関口先生の教科書でドイツ語を勉強したのですが、教科書を読むのがおもしろくて勉強がやめられないという感じでした。縁とは不思議なものでして、私は関口先生のドイツ語の教科書、**『関口・初等ドイツ語講座』**の帯文まで書かせていただきました（帯文になんて書いてあるかは、是非とも書店で手にとってお確かめください！　本当に最高の教科書です！）。

さて、語学を勉強するにあたって一番役に立つのは、関口先生のありがたいお言葉です。これ以外にありません。一部引用しましょう。

「世間が面白くない時は勉強に限る。失業の救済はどうするか知らないが個人の救済は勉強だ」

「黙れ、馬鹿野郎共！　おまえ達の考え方が古い。禿頭にもいろいろあるが、おまえ達の頭は、内部が禿げている。我輩の頭は単に外部が禿げているきりだ。外部だってまだいくらか禿げ残っているぞ。よし、おまえたちの頭の内部に毛生薬を塗ってやろう。耳を開けろ！」

「本当に語学を物にしようと思ったら、或種の悲壮な決心を固めなくっちゃあ到底駄目ですね。まず友達と絶交する、その次にはかかアの横っ面を張り飛ばす、その次には書斎の扉に鍵を掛ける。書斎の無い人は、心の扉に鍵を掛ける。その方が徹底します」

「辭書に親しめ、辭書をわが物とせよ！　辭書を抱いて寢よ！　辭書のどこを開いても、まるで基督教徒がバイブルを開いたように、一言一句すべて「いつか一度讀んだ覺えのすること」ばかりのような感じのするところまで行け！」

「「頭が好い惡い」の問題ではありません。人間が人生諸般の現象に對してどれだけ深く、どの方面にどれだけ強く關心を持っているかによって「暗記力」がきまって來るのです」

というわけです。分かりましたか。語学をものにしようと思ったら、まずは友達と絶交する。心の扉に鍵を掛ける。こうしたことを心がけましょう。ツイッターに関口先生のボット（@sondern_bot）がありますので、是非フォローしてください。

また二〇一〇年には池内紀《おさむ》さんが、関口先生について**『ことばの哲学　関口存男の**

こと』をお書きになりました。こちらも一応紹介しておきます。
関口先生の言葉を読んでると、悩んでるのがばかばかしくなってきませんか？
失業の救済はどうするか知らないが個人の救済は勉強だ！
よーし、俺も友達と絶交だ！

参考図書
関口存男『新版 関口・初等ドイツ語講座』上中下、三修社、二〇〇五年
池内紀『ことばの哲学 関口存男のこと』青土社、二〇一〇年

第二部

プライドと蔑みと結婚と

ダダダダッ、ダッダダ

12 哲学の勉強をするには、どこの大学に行くのがいいのでしょうか？

相談者　田中太郎さん（東京都・19歳・ニート）

Q.

『暇と退屈の倫理学』を読んで哲学の勉強をしたくなってしまいました。

これから受験勉強をして大学に行きたいと思っているのですが、どこの大学に行くのがいいのでしょうか。

A.

ご質問ありがとうございます。
まず拙著をお読みいただいたことをとてもうれしく思います。また、拙著を読んで勉強へと向かう気持ちをお持ちになったということに感激しています。最高の感想です。

さて、田中さんは「哲学の勉強」をしたくなったとお書きになっています。そして、どこの大学に行ったらよいかというご質問です。

僕の答えは、どこでもいいということです。そして「哲学の勉強」をしたいからといっても、哲学科に行く必要すらないと思います。僕はフランス留学中は哲学科にいましたが、もともとは政治学科の出身ですし、大学院も哲学科ではありません。

この点について二つのことをご説明したいと思います。一つは大学での勉強のこと、もう一つは哲学のことです。

大学というのは自由なところです。学生には多くの時間が与えられます。確かに授業はありますが、出席するもしないも自分の自由です。もちろん試験を受けて単位を取得しなければなりませんが、どういう風に、どの単位を取得するかも自由なのです。ですから、基本的には、どこにいても、どんな勉強でもできます。

文系の基本は本を読むことです。どんなに授業に出ていても、本を読まない人は勉強していることにはなりません。そして大学の自由の何よりもすばらしいところは、本を読む時間がたっぷりと与えられるということです。

大学の自由はそれには留まりません。大学とは学問を創造するところです。それは大学の先生が研究によって新しい学説を作り出すという意味でもあり、またそれによって既成の分野を更新していくという意味でもあり、また新しい分野を創設するという意味でもあります。学生も学問を創造するというこの営みに部分的に参加することになります。

高校までの勉強というのは、そうやって創造された分野の中で、概ね一般的に受け入れられている部分をまとめて教わるというものでした。それに対し、大学はその分野のもとになっている基礎をつくっています。学生はその現場を目撃するわけです。分かりやすい例を挙げると、人類の誕生は一九八〇年代までは約二百万年前と教科書に書かれていましたが、いまでは約四百万年前と書かれています。研究によって学説が書き換えられたからであり、そうしたことがあらゆる分野で絶えず起こっています。

さて何が言いたいのかと言うと、大学で「哲学の勉強」をするといっても、それは決まり切った教科書に書かれていることを授業で教わって頭に入れていくことではありえないし、そんなものは大学での勉強ではないということです。これを勉強したから「哲学の勉強」をしたと言えるようなコースは存在しません。いや、もちろん多少はあるのですが（哲学史一般の知識等々）、それは実際には参考書を読めば済む程度のものです。

諸々の学説が、決して静的《スタティック》にキレイに整列しているのではない、動的《ダイナミック》に揺れ動き、それどころか戦いを交えている、その現場に触れ、そこから自分なりに考えていくのが大学での勉強です。そのことを十分に頭にいれておいてください。大学とは、そこに行けばバッチリ教えてもらえる、そういう場所ではありません。学生に自由が認められているのはそのためです。もしコースがはっきりしているなら、自由があると困りますよね。コースからはみ出たことをされたら当初の目的が実現されなくなってしまいますから。

次に哲学についてです。哲学というのは何だかよく分からないところがあります。そもそもほとんどの学問は哲学であったからです。プラトンとかアリストテレスとかを読んでいると、ありとあらゆる学問がその中に見いだされます。多くの学問は、哲学から分離する形で生まれました。

僕は経済学部で教えているので学生にいつも話すのですが、経済学は道徳哲学という分野に属していました。それがだんだん離れていっていまみたいになったのです。

僕がよく言う冗談があって、昔は経済学は哲学のしもべだったのに、いまでは哲学よりずっと威張っていて、影響力もある、と……。

ですから、「哲学の勉強」といっても、或る意味では何をやってもいいんです。「哲学者」と呼ばれる人たちの本を読むのはもちろん大切です。でも、それだけをやっていても「哲学の勉強」をしたことにはならないと思います。有名な哲学者で、哲学の教科書に載っている類のことだけを勉強していた人など一人もいません。デカルトはそもそも数学者であるし、スピノザは化学にも専門的な知識を持っていたし、カントは大学で地理学を教えていたし、ヘーゲルは歴史から美術からありとあらゆることを知っていたし、ベルクソンは進化論についての本を書いているし……と、枚挙にいとまがありません。

僭越ながら、拙著の話をさせていただくと、あの本、『暇と退屈の倫理学』も、考古学、経済学、社会学、生物学……といくつものディシプリンにまたがっていますね。それは当たり前のことなのです。何かを考えようと思ったら、一つのディシプリンで終わるはずがないのです。

哲学科に進学するのもいいでしょう。でも、そこにいったら哲学をバッチリ教えてもらえるなんてことはないし、哲学科で教えてもらえることをキチンと勉強したからといって、「哲学の勉強」をしたということにはならない。大切なのは、田中さんが何に引かれて大学で「哲学の勉強」をしたいと思ったか、なのです。たとえば木田元先生の『ハイデガー』を読んでみてください。木田先生は若い頃、ドストエフスキーを読みふけっていたそうです。そこからキルケゴールを知り、そしてハイデッガーとの運命的な出会いに至ります。その過程を説明した後、この本ではハイデッガー哲学のすばらしい解説が展開されます。この本は、いったい何が「哲学の勉強」につながるのかを示してくれる一例であるでしょう。

田中さんは僕の『暇と退屈の倫理学』に関心を持ってくださいました。では、あの本のどの箇所に引かれましたか？　自分がおもしろいと思った事柄を追究してください。本を読んで考えて、分からなければ誰かに聞いて。それを追究していくことこそが、まさしく「哲学の勉強」になっていくのです。

参考図書
木田元『ハイデガー』岩波現代文庫、二〇〇一年

13 付き合っていた頃から、何かと夫に主導権を握られています

相談者　よこぺちゃさん（東京都・30歳女性・ウェブデザイナー）

Q.

私は結婚三年目のウェブデザイナーで、夫は美大時代の三つ年上の先輩です。同じくデザイナーをしています。私は小規模な事務所に勤めていますが、夫の勤め先はカメラマン、イラストレーターなど業種を超えた売れっ子を多く抱える会社です。同業とはいえタイプの違う職場のため、張り合うこともないのですが、お互い仕事が第一で、友人からは夫婦というより「同志」のような関係だと言われます。

仕事もできて要領もよい夫で、付き合っていた頃から何かと主導権は彼にありました。新婚当初はそれでも良かったのですが、何の相談もなしに勝手に決断してしまうことが多く、しだいにケンカが絶えなくなりました。

去年の年末には、突然夫が二重まぶたの整形手術をして帰ってきました。一重まぶたがコ

ンプレックスだとは知っていましたが、相談もなしに突然整形をしたことに腹が立ち、しかも顔が変わったことが気持ち悪くて問い詰めたところ、「おまえには俺のコンプレックスなんてわかんねえよ！」と逆ギレされました。

半年ほど前は、夜遅くに帰宅したところ、いきなり寝室が別に分けられていました。どうやら休みを取って、一気に模様がえをしたようです。それからはセックスの回数も激減しました。

しかし最大の悩みは、子どもをつくるかどうかの意見の相違です。これまでは私も仕事をこなすのが精いっぱいでそれどころではなかったのですが、そろそろ子どもをつくってもよいかなと思い始めました。でも夫は、断固として子どもをつくる気はありません。

まだ焦りはありませんが、身体的なリミットがあるため、数年後はもっと現実的な悩みになっているでしょう。夫に決定権を握られたままでいいわけではないので、より険悪になるのを覚悟してでも、子どもが欲しい自分の意思を伝え続けるべきでしょうか。

ただ、私の収入が低いことと、仕事面での出産タイミングの難しさを考えると、説得に踏み込むことができません。夫が私に望むことは子どもを産むことではなく、ちゃんと稼いで仕事で名をあげることだからです。

夫との関係性以前に、どう働いていきたいのか私の将来設計が定まっていないのが原因なのでしょうか。

A.

ご相談をお寄せいただきありがとうございます。

お答えするのが非常に難しい問題です。時間をかけて構築していかねばならない、よこぺちゃさんと旦那さんとの関係の問題があり、おそらくはよこぺちゃさん自身が自分の仕事に対してすこし不安というか不満というか悩みを抱えているという問題があり、そして、じっくりと、しかし確実に迫る出産のタイミングという問題が重なっています。これら三つに、それなりの労力を注がねば、状況は改善していかないように思われます。

ただこれら諸問題を考えていく上で、どの方向に向かわねばならないかははっきりしていると思います。それは、よこぺちゃさんと旦那さんがきちんと話ができるようになる、ということです。

旦那さんはたぶんこれまで、イヤなこと、気になっていることをなかなか人に言えずにやってきたのだと思います。そしてそのために発生するストレスを、いまは仕事に向かうことで発散しているのだと思います。

不満などを口にするというのは、慣れていない人にはとても難しいことです。よこぺちゃさんはそういうお話を旦那さんから聞いたことはありますか？　そういう習慣を持たない旦那さんが、しかも、仕事が忙しいがためによこぺちゃさんと話をする時間を十分に確保できずにいる。そんな状況かと思います。

コンプレクスのことはそんなに気にしなくていいと思います。芥川龍之介の短編「鼻」を思い起こさせる話ですが（お読みになったことがなければ是非お読みください）、彼はおそらくその手のコンプレクスをいくつも抱えているでしょう。しかしそれらは諸々の不満を人に打ち明けられなかったため、その代わりに心の中で増大してしまっているコンプレクスではないかと思います。むしろよこぺちゃさんと話をして、そうしたコンプレクスのことを一つ一つ聞いていってもらえれば、気にならなくなるのではないでしょうか。

さて、ではどうやって話をできるようにしていくか？　思い切って二人で旅行に行くというのはどうでしょうか。お二人のお仕事は家でもできることもありますし、また寝室が分かれているという問題もあるので、自宅では逃げ場があったり、雑念が入ったりして、うまく話ができないように思います。ですので、他にやることがない場所に行って話をするのがよいと思いました。

焦らずに、彼の不満を引き出すようにして話を聞いてあげるのがよいと思います。

整形手術のことに触れるときは慎重に。僕はじっくり話を聞いてあげると、なんか、彼がどこかの時点で泣き出すような気がします。

二人で話ができるようになったら、よこぺちゃさんの仕事のことを彼にじっくり聞いてもらってください。そして子どものことを話して、一緒に考えてください。子どものことは二人で考えていかなければいけないことです。

話をする習慣のない人に、話をする習慣をつけてもらうのはそんなに簡単なことではありません。でも、まだ結婚三年目です。焦らずに取り組んでください。

参考図書

芥川龍之介「鼻」『羅生門・鼻・芋粥』角川文庫、二〇〇七年

14　彼女のために、高級ソープ通いをやめるべきでしょうか？

相談者　モロッコさん（東京都・31歳男性・ウェブデザイナー）

Q.

　私は31歳の独身の男性です。大学生の頃から風俗やソープに通うようになり、それが習慣になってやめられなくなっています。風俗に通っているのは当然性欲の解消のためです。お金を払わないで性欲を解消することも一時期は努力していたのですが、あまりに金銭以外のコストがかかる上、人間関係に支障をきたす可能性を考慮するのが馬鹿馬鹿しく、割り切った性欲解消のため月に一度ほど、いわゆる高級ソープのお世話になっております。

　以前までこのことは別に悩みでもなんでもなかったのですが、三年ほど付き合ってる彼女とお互いの金銭感覚の話になり、それがきっかけでこちらの浮気を疑われるようになってしまいました。ソープ通いは今まで誰にも言ったことがありません。私の中でそれは浮気ではないのですが、そんなことを言っても彼女に通じるはずがないので隠し通そうと思っています。しかしこのままソープ通いを続けていると発覚する可能性も大きくなってくるでしょう。ここできっぱりやめるべきか、別れるのを覚悟の上やめずに遊び続けるか、悩んでいます。

彼女とセックスをしないわけではありません。月に一回ほどします。しかしゴムなしの中に放出するセックスに慣れてしまった私の欲望の渦はもう止められることはないでしょう。愛のあるセックスとは何かと考えることもありますが、彼女のことは彼女のことで愛しているし、ソープで性交している女達とは純粋に肉欲のみお世話になっているという感覚です。

しっかり避妊をし月に一回のセックスをしていることが私にとっての彼女への愛です。彼女とは学生時代からの付き合いで、彼女と一緒に居る時間は私にとってかけがえのないものです。私のやっていることのすべてがバレたら彼女はとてもショックを受けるでしょう。しかしそれを隠し通すことが自分にとって当たり前のことになっているから、そのことを考えても私は罪悪感を覚えないのです。

こんな私はおかしいのでしょうか？

御意見頂けるとありがたいです。よろしくお願い致します。

A.

ご相談をお寄せいただきありがとうございます。

まずはっきり述べておくと、モロッコさんは彼女に隠れて「ソープ」に行くことに「罪悪感を覚えない」と書いているのですが、実際は罪悪感を覚えているわけですね。もっと正確に言うと、「こういうことをしていたっていいはずだ」というけっこう強い確信はあるが、心のどこかに「でも、いけないことかもしれない」という気持ちもある。だからわざわざ「こんな私はおかしいのでしょうか？」と相談しているわけですよね。これで全く問題ないと考えているなら、悩むはずもないし、人に聞く必要もない。まずそこを見つめてみることが必要でしょうね。

そもそもモロッコさんの心の中には、彼女に隠れて「ソープ」に行くということだけでなく、「ソープ」に行くことそのものについてもボンヤリとした罪悪感があるように見えます。「大学生の頃から風俗やソープに通うようになり、それが習慣になってやめられなくなっています」と書いていますが、別に誰も「やめろ」とは言っていないのに、なぜ「やめられなくなっています」と書く必要があるのか。やはり心のどこかに「これはやめるべきかもしれない」という気持ちがあるのでしょう。

何か純粋に快楽を追求しているだけじゃなくて、心の中の何らかの不均衡を「ソープ」に行くことで解消しているんじゃないかなぁという気がします。でも、それが何なのかは相談内容からは分かりません。別に今のようにしていてもいいと思います。でも、モロッコさんご自身は実際にはけっこう罪悪感を覚えているのだという事実は知っておいた方がいいでしょうね。

性欲などの身体に強く根ざした欲望というのも、実は、精神状態によって意外に簡単に変わったりします。人間には発情期がありません。だから人間はその他の動物と違い、いつでもセックスができる。しかし、いつでもセックスをしているわけじゃない。文化人類学者のマリノフスキーは、我々の性衝動は文化的な装置によって鼓舞されるものだと言っています(『未開社会における性と抑圧』)。

たとえば祭りの時期になると、男女の接触が増え、アルコールなどの興奮剤もより多く用いられる。そうして性衝動が鼓舞されて、男女が結びつく。これは我々の性欲が決して自然発生的なものではなく、様々な文化的装置に規定されていることを意味しています。

だとすると、自分の心が抱えている問題と性欲のあり方が大きく関係していても不思議ではありませんよね。性欲のあり方は自然なものではなくて、様々な影響を受けている。
繰り返しになりますけど、モロッコさんの生き方はそれはそれで別にいいと思います。けれど、もしモロッコさんが、僕が推測した通り、実は罪悪感を覚えているのにそれを隠そうとしているのだったら、そういう生き方はあまり良くないと思います。自分に嘘をつくというのが生きることにおいて一番良くないことだからです。

参考図書
B・マリノフスキー『未開社会における性と抑圧』阿部年晴・真崎義博訳、社会思想社、一九七二年（ちくま学芸文庫、二〇一七年）

15 「自分に嘘をつく」とは、どういうことなのでしょうか？

相談者　メアリヒトさん（東京都・31歳男性・会社員）

Q.

いつもメルマガの人生相談を興味深く拝読しています。

私は31歳の独身男性です。二年前に学生時代からつき合っていた女性と離婚しました。原因は彼女の不貞行為です。ふとしたきっかけでその事実を知るまでは、とても円満な関係を築けていると考えていたため、たいへん困惑しました。

私は彼女を愛していました。当然に一生連れ添うものと思っていましたが、彼女は私に対して不満に思うところがあり、結婚については当初から前向きではなかったことを、離婚交渉の過程で知ることになりました。

離婚については悩みましたが、共通する友人の多くから「お前は悪くない。はやく次に進んだほうがいい」と助言され、離婚を決めました。事実関係を客観的に示すため、慰謝料も請求し、支払いを受けました。

その後、何人かの女性とおつき合いをしました。いまもつき合っている女性がいるのですが、いずれの女性にも、結婚を確信するような愛情を抱くことができません。つき合ってすぐは、承認欲求の備給を感じ、しあわせな気持ちになるのですが、次第に相手のことを物足りないと感じてしまうのです。

映画や音楽、好きな作家、服装、レストラン、インテリア。そういった趣味のことから、起床時間や休日の過ごし方まで。相手のことを知れば知るほど、不満を覚えるようになってしまうのです。無意識のうちに、不満を覚えるために相手との関係を深めようとしているのではないかと、疑っています。

最近、ある趣味に関するウェブサイトで、彼女がインタビューを受け、「周りからは趣味に生きているといわれます（笑）」と話しているのをみつけました。数カ月に一度ぐらい、彼女の名前で検索を図ることがあるのです。外罰的な心理が働いているように思い、あらためなければとは思っていますが、いまだに止められません。

國分さんは「自分に嘘をつくというのが生きることにおいて一番良くないこと」だと書かれています。いったい「自分に嘘をつく」とは、どういうことなのでしょうか。お考えをうかがえれば幸いです。

A.

ご相談ありがとうございます。

メアリヒトさん、大変つらい思いをされたことと思います。とにかく焦らないで、自分のことを考察し、そして友人とたくさん話をして自分のことを考察するためのヒントを集めて欲しいです。そうしないと前の配偶者に心を支配されたまま身動きがとれなくなります。

メアリヒトさんは「私は彼女を愛していました。当然に一生連れ添うものと思っていた」とお書きになっている。離婚後二年たってそのように書くことができるというのは、世間で言うところの、いわゆる未練がまだ相当量存在しているからだと推察されます。

しかし、未練というものは、あるいは、メアリヒトさんのその未練は、本当に「愛」に基づいているのでしょうか。それを考え直すべきです。

僕はもちろんメアリヒトさんの前の配偶者のことを知りません。しかし、そのウェブサイトに記されていたという言葉（正直なところ実に不愉快な言葉であって僕は自分の文章の中に引用したくもありません）を読んだら、なんとなく顔と性格は思い浮かびます。

人間というのは意外と人を利用するものです。そして、利用できると思うとことん利用するものです。なぜ前の配偶者は「結婚については当初から前向きではなかった」のに結婚したのですか？　もちろんあなたを利用するためです。

もしかしたらその前の配偶者は、何に対しても「前向き」ではない、そういう人間ではないですか？　そのことを周囲の人間ははっきりと言葉にできないから、「……ちゃんって、趣味に生きているよね？」などとお茶を濁して伝えているのではないですか？　そのことにも気付かず、あるいは気付かない振りをして、彼女はウェブサイトでそのように述べたのではないでしょうか。

何に対しても「前向き」になれない人間だから、「あ、こいつは利用できる」と思うと利用します。いいですか、世の中にはこういうことが実にしばしば起こります。メアリヒトさんはラッキーです。なぜなら、そういう人間に一生利用されたまま終わる人がものすごいたくさんいるからです。

「未練」というのはなぜ感じるのでしょうか？　それは自分が「支払いを受けていない」という感覚を持っているからです。自分はサービスを提供した。だから支払いを受けるべきである。しかしそれが未払いになっている。その感情（＝勘定）のことを、世間では「未練」と呼んでいるのです。メアリヒトさんは利用されたのなら、もちろんたくさんサービスを提供していたはずです。未払いなのだから、そのような感情＝勘定を抱くのは当然です。

またメアリヒトさんはまだ31歳だというのに、「一生連れ添う」などとお書きになっている。「一生連れ添う」などという感覚を若い頃はもたないものです。そういう感覚を持つのは、「この人は自分にとって大事な人なのだ。自分が大事にしなければならない人なのだ」と自分に言い聞かせるためです。

いいですか、これが自分に嘘をつくということです。自分には何か違和感がある。いま自分はどこか無理している。でもその無理はするべきだ、なぜならこの人は「一生連れ添う」はずの大切な人なのだから……こう考えてしまう時、人は抜け出せない自分への嘘の地獄に入り込んでいます。そしてものすごい多くの人がそこに入り込んでいるのです。

メアリヒトさんのご友人が仰っているように、メアリヒトさんは「悪くない」。でも、欠点はあります。自分に嘘をつく場合があるところ、自分の違和感を大切にできないところ、自分の感覚を信頼できないところです。これは決して特別な欠点ではない。多くの人がこうした欠点を抱えています。僕もそうです。

「ちょっと、うーん、なんかイヤなんだけど……、えーと……」。こんな感覚を持つことがありますね。それを分かってくれる人こそ、本当に友人になってくれる人であり、また自分にとっての大切な人になってくれる人です。

メアリヒトさん、焦らないでください。まだ31歳です。いや、僕はメアリヒトさんが本当は50歳で同じ相談をされても同じことを言います。付き合っている人はいるけど結婚までは……と考えるのは普通です。それでいいんです。そもそも結婚しなければならない法などない。相手に不満があっても、まぁ付き合っててそれなりに楽しいならそれでいいんです。

ですから、相手から「結婚しよ！」などと言われた時、違和感があるなら絶対に結婚してはいけません。また「今日は大丈夫な日だから！」と言われても、違和感があるなら絶対にアレをしてはいけません。

違和感を抱かせる機能というのは、人間がまだ人間でない頃から培ってきた高性能の防御装置です。僕もまだ十分に整理し切れていないのですが、この防御装置は脳神経科学から考察できるように思います。すこし長くなりますが、説明を試みましょう。

アントニオ・ダマシオという脳神経科学者が、『**感じる脳**』という本の中で、「情動」と「感情」を区別しています。情動とは、ある刺激に対する生体の反応そのもののことです。たとえば危険が迫っている場合、私たちは、身体が震えたり、精神エネルギーがその危険の現れる方向に向けて集中するということを経験します。こうした反応の総体が情動です。どんな生物にも情動のメカニズムがあります。植物ですら、たとえば太陽の方向へと花弁が向かうという意味で情動のメカニズムを持っている。

それに対し、感情とはいわゆる心の中で意識される気持ちのことです。たとえば危険が迫っている時、「怖い」と思うことです。意識といってもいいでしょう。

ダマシオは進化の過程において、感情は情動の後にやってきたと言います。たとえば、アメフラシにも情動はある。ならばアメフラシに感情はあるかというと、「たぶんない」（前掲書69ページ）。あらゆる生物は情動を持っており、それによって環境からの刺激に応答しながら生きています。それに対し、人間のような感情のメカニズムを獲得した生物は、環境からの刺激を意識化し、それを精査することで、より高度な応答が可能になっているわけです。

進化の過程のみならず一個の生体の中でも、感情は情動の後に来るとダマシオは言っています。つまり、生体はまず最初に情動を形づくる。その後で、それが感情として意識されるようになるわけです。

ここに見いだされるのは、私たちの常識とは異なる、心と体の関係です。たとえばダマシオは、悲しみの情動が「悲しい」という気持ちを実際に作り出すという興味深い実験結果を紹介しています（同99ページ）。どういうことかというと、すすり泣くというのは悲しみの情動の一部であるわけですが、すすり泣くことを含めた、悲しみの情動という身体的な反応がまずあり、その結果として「悲しい」という感情が心に表れるというのです。つまり私たちは、「悲しい」と感じるからすすり泣くのではなく、すすり泣くから「悲しい」と感じるのです。

実は以上の話は、僕が専門的に研究している十七世紀の哲学者スピノザが言っていたことと全く同じです。スピノザは平行論という考え方に基づき、感情とは、身体が被った変容（つまり情動）が意識化されたものに過ぎないと考えていました。ダマシオもスピノザに関心を持っています。『感じる脳』の英語の原題も*“Looking for Spinoza”*、すなわち『スピノザを探して』なんです。最新の脳神経科学が、三百年以上も前に哲学者が言っていたことにやっと追いついたのですね。

さて、相談からすこし離れてしまったように思えますが、なんでこんなことを説明したかというと、実は私は、自分に嘘をつくとか、違和感を抱かせる機能というのを、この情動と感情のメカニズムに基づいて考えているからなんです。

違和感を抱かせるという高度な機能の根拠には、生物に固有の情動のメカニズムがあると思われます。どこか危険だ、何かおかしいというのを身体的反応が教えるというわけです。

人間の場合には、それに加えて感情のメカニズムもある。つまり、そうして感じられたことを、意識によって更に精査することができる。

ところがここに落とし穴があります。感情は情動のもたらす結果であるわけですが、この感情を抱く心というものは、情動に逆らうことができるのです。たとえば、危険を感じた身体が、情動によって危険を表現し、その結果として「あぶない」という感情が心に表れる。普通なら生体は危険の情動に基づいてそれを避けるわけですが、人間の場合は「確かにあぶない」という感情を抱きつつも、「あぶないけれどやらねばならない」などと考えることができるのです。

同じように、「この人にはどこか違和感があるけれど、でも、この人は「一生連れ添う」はずの大切な人なのだから……」と考えることも可能です。情動しかなかったら、こういうことにはならないのです。「こいつとは合わない。だから、言い寄られても、つがいにはならない」で終わりです。

感情のメカニズムは、周囲の環境に対する高度な分析を可能にしました。しかし同時に人間は感情を獲得することにより、情動の教えるところを裏切ることもできるようになった。自分に嘘をつくことが可能になったのもそのためです。或る意味では、自分に嘘をつかないというのは難しいことです。しかしすこしずつそれを達成していくことは可能です。まずは情動と感情のメカニズムについてすこし考えてみてください。ヒントがあるかもしれません。

参考図書

アントニオ・ダマシオ『感じる脳――情動と感情の脳科学　よみがえるスピノザ』田中三彦訳、ダイヤモンド社、二〇〇五年

16　年下の人と仲良くなるにはどうすれば良いでしょうか？

相談者　バニシング・ポイントさん（東京都・30歳・男性）

Q.

わたしは昔から、年下よりは年上の人と仲良くなれたり可愛がってもらえたりするのですが、どうも自分より年下の人と仲良くなれない気がしています。

中高と部活のキャプテンでしたが、慕われてる気もしませんでした。

自分が二人兄弟の弟なので、自分よりも年齢が下の人と遊んだりしなかったせいでしょうか？　今は特に問題はないのですが、これから年を重ねていくと嫌でも自分より年の離れた人と接する機会が増えていくと思います。年下の人とどうしたら仲良くなれますか？

A.

ご相談をお寄せいただきありがとうございます。

私もバニシング・ポイントさんに似ていて、年下の友人と親しくするということがあまりありませんでした。年上の方が自分よりもいろいろものを知っているということが多いので、年上の人と一緒にいて新しいことをもっと知りたいという気持ちが強かったんですね。

ところが、自分は教師ですので、仕事では常に年下の学生に接しています。その中で自分なりに年下の人間への接し方を考えてきたのですが、それなりのところに落ち着いてきました。

それは自分を上に置くのでもなく、しかし、相手と同じ高さに立つわけでもない、いわばナナメの位置に自分を置くということです。

教師は基本的に生徒よりも上の位置に立たされざるを得ないわけですが、それでは年下の人間にうまく接することはできません。また、これは最近分かってきたことですが、相手と同じ高さに立つというのは非常に面倒なことで、よっぽど仲が良くないと難しい。親友とか恋人なら、相手と同じ高さに立って対等に話をするのでしょうが、それほどに濃いコミュニケーションというのは滅多にありません。

それに対し、ナナメの位置に立つというのは自分も相手も楽なんですね。向こうも適度な距離がとれる。共同の意思決定が必要な際にも、相手のことを考えつつ、しかし自分が決めたということにしておけばいい。

一つ、参考になる取り組みを紹介したいと思います。NPO法人**「カタリバ」の活動**です。

カタリバは、大学生を中心としたボランティアが高校に行き、専属スタッフと協力しながら高校生たちと語り合う、そういう活動をしているNPOです。

時にいまの若者は、無気力・無感動・無関心などと言われる。けれども、そんなことはない。一人一人はいろいろなことを考えている。でも、それを外に向かって発信するためのきっかけがない。どうすればいいのかも分からない。

カタリバが目指しているのは、ナナメの関係によって、そうしたきっかけを与えることだそうです。近所のお兄さん・お姉さんみたいな人との関係ですね。カタリバのホームページには、こんなことが書いてあります。「先生や親（縦の関係）には本音が言いにくい、／同級生（横の関係）にはまじめな話なんてダサくてできない。／そんな高校生の気持ちをフラットに聞けるのは、ナナメの関係」。

これはなるほどなぁと思いました。特に横の関係についてです。同級生にまじめな話をするというのはなかなか難しいものです。だから、うまくナナメの関係が作り出せれば、同輩にはなかなか言えないけど、誰かに言いたい、誰かに聞いて欲しいことを話してくれるかもしれません。

バニシング・ポイントさんはこれから年下との付き合いが増えそうと仰っていますが、それは恐らく仕事の上でのことだろうと思います。たとえば部下が出来た際にも、変に仲良くしようとせず、適度に高い位置に自分を置いておけばいいのではないでしょうか。つまり、部下を見下ろすことはできないぐらいの高さです。

参考図書

上阪徹『「カタリバ」という授業――社会起業家と学生が生み出す〝つながりづくり〟の場としくみ』英治出版、二〇一〇年

17　会社の先輩から、行きたくない飲みに誘われます

相談者　ソルトさん（兵庫県・26歳男性・会社員）

Q.

会社に入社して八年、未だに付きまとう悩みがあります。会社の先輩とお酒を飲みに行くことです。会社は伝統もあって、どの職場も飲みに行くのが大好きです。最初は自分も誘われて何回か行っておりました。しかし先輩から説教をされてその場が楽しくないのと、帰る頃には終電間際で家に帰って寝るだけという生活が嫌になって、その後は断り続けました。コミュニケーションの大切さも理解はしていて罪悪感はありましたが会社を離れて遊びたい気持ちのほうが強かったです。それが六年ほど続きました。

そして異動で別の職場に移りました。その職場は前より飲みに行くことが多い職場でした。飲みに行くペースは多い時で週に三、四日ほどで、少ない時でも週に一日です。前の職場で断り続けた罪悪感とこのままではいけないと思い、最初は飲みに行っていました。しかし前

に書いた通り、説教と終電帰りで自分の時間を取られるのがイヤになり、結局自分の調子が乗らないときは断るようになりました。ですが、何回か断ると先輩から怒られてしまい、楽しくもないのに飲みに行く日もあります。これが自分の現状です。

お酒は嗜《たしな》む程度で問題はないのですが、先輩との人間関係が問題です。いい人達ではありますが、週に何回も同じメンバーで飲みに行く必要を感じません。自分からも誘えとは言われますが、楽しくもないのに進んで誘いたくないと思っています。支離滅裂だとはわかっていますが、「先輩と飲みに行く行為は必要と感じている自分」と「それほど付き合う必要はない。自分の時間を大事にしろという自分」が頭の中でせめぎ合いになってます。

自分は先輩と飲みに行くことをどのように考えて、付き合っていけばよろしいですか？

読みにくい文章で申し訳ありませんが、よろしくお願いします。

A.

相談をお寄せいただきありがとうございます。

ソルトさんの職場、僕から見たら地獄のようです。僕はお酒を飲むことも、人と飲みに行くことも大好きですが、それを強制されるというのは想像もつかない。飲みに誘うことまで強制されるなんて、何ですか、それ？　しかも説教される？　説教されるだけでもまっぴらなのに、酒の席で説教されるなんてもう考えただけで頭が狂いそうだ。だいたいそういうやつの話はつまらないに決まってる。紋切り型の仕事観・人生観を聞かされて、「仕事ってのはな！」とか「人生ってのはな！」とか言うんだろう。で、あげくの果てには「お前は人間関係というのをどういうもんだと思ってるんだ！」とか、か。耐え切れん。ああ、もう嫌だ！

……ってなってしまうような環境だと思うんですよ、ソルトさんの職場は。でも、ソルトさんは意外にもその職場に対応していますよね。一緒に飲みに行った方がいいという気持ちと自分の時間を大切にしたいという気持ちが「せめぎ合っている」ということは、もう先輩とは絶対に飲みに行きたくないという気持ちではないということです。一緒に飲みに行った方がいいだろうという気持ちが、ソルトさんの心の中でかなり妥当なものと捉えられている。

とはいえ、そんな環境には順応したくもないだろうとも思います。じゃあどうするか。先輩と毎日のように飲みに行くという義務をそれなりにこなせるソルトさんならば、たとえばこんなやり方があるでしょう。うまくいくかどうかは分からないところもあるんですが、相手の要求を額面通りに引き受けてしまうのです。つまり、こちらから、毎日、飲みに誘うのです。

精神分析家のジャック・ラカンは、一九六八年「五月革命」の最中、路上で「反乱」する学生たちを見て、「学生を鎮めるのに一番いい方法は、学生の要求をすべて受け入れてしまうことだ」と言ったそうです。学生の要求を突っぱねるから学生はどんどん抵抗を強めていく。だから、全部認めてしまえ、と。

このラカンのやり方は、哲学ならば「イロニー」とでも呼ぶであろうものです。既にある規則や主張にわざと固執して、それを突き詰めることで、その規則や主張を破壊してしまうという方法。哲学史だとソクラテスのイロニーが有名です。相手が言っていることに従い、それをどんどん突き詰めていくことで矛盾に追い込むのがソクラテスの常套手段でした。

イロニーについては、田島正樹さんの『読む哲学事典』における説明が分かりやすいです。田島さんは、むかし旧国鉄労組がやっていた「遵法闘争」を例に挙げています。

遵法闘争って知ってますか？　当時のダイヤというのは法令通りにやると、とても実施不可能なものでした。労働者の臨機応変な対応や、多少の無理によってやっと可能になっていたものだったのです。そこで労働者側は、法令を過剰に遵守することでダイヤに著しい乱れをもたらし、それによって職場の矛盾を白日の下にさらそうと考えました。これが遵法闘争の論理です。

飲みに行くというのはソルトさんの職場の「法令」ではありませんが、一種の習慣ではあるわけで、これに対して、遵法闘争的に、イロニー的に対応するというのは可能ですよね。

ソルトさんがなんとなく「いやだな……」という雰囲気でいると、先輩はむしろ要求を強めてくる。だったら、「どうです、先輩、今日も行きましょうよ」と毎日誘う。先輩が嫌がるぐらい誘う。そして、終電がなくなる時間まで飲む。「そろそろ終電だから」って先輩が言ったら、「先輩、そんなんでいいんですか？ まだ飲みましょうよ」と言って帰さない。

しばらくは金銭的にもキツイかもしれませんが、いまの地獄のような状況にうまく対応できているソルトさんです。これぐらいのことはできるかなと思って提案してみた次第です。参考にしてください。

参考図書

田島正樹『読む哲学事典』講談社現代新書、二〇〇六年

18 タメロの仕事相手がどうしても許せません

相談者　スマイル0円さん（東京都・28歳女性・会社員）

Q.

新卒以来五年間、業種を変えながらも一貫して法人営業の仕事に就いています。現在はメーカー系で、同業他社の方や販売代理店、ときには大学の先生まで、日々幅広い方々と接しているのですが、電話などでタメロをきいてくる仕事相手がどうしても許せません。相手に敬意を感じさせないタメロや無愛想な対応は、やっている側からしたら省エネで合理的なのかもしれませんが、それによって失われる社会人としての信用を思うと、絶対マイナスの方が大きいだろうに、何故この人はこんな態度をとるのだろう？　と考えてしまいます。大人としてみっともないと思いますし、たまにそういう人に遭遇すると、その横柄さに驚いて、こちらが恥ずかしくなってしまいます。

また、わたしが男性であったり、30代40代でも同じ態度をとるのだろうか、と邪推し、若い女であるというだけで舐《な》められている、と感じてしまいます（というほど、もう若いという年でもないのですが……）。これは被害妄想なのでしょうか？

不思議とそういう態度をとってくるのは中年男性が多く、女性や若い方から、失礼な物言いをされたことは殆どありません（もちろん、無愛想な方やテンションの低い方もいますが、皆さん敬語は使われますし、横柄だとは感じません）。

余りに腹が立つと、「この人はきっと会社では後輩からも女子社員からも嫌われ、給湯室で悪口を言われ、家庭では奥さんにも子どもにも無視され、誰にも認めてもらえていないから、仕事相手にまともな敬語も使えずに、こうして偉ぶっているのだ」と思うことで、相手に同情して溜飲を下げるようにしています。

そんな自分も大概性格が悪いなと思うのですが、他に良い方法が思いつきません……。

相手を蔑むことなく、失礼だったり横柄な人の態度に傷つかないでいる方法はないものでしょうか？

國分先生は、失礼な人と接して嫌な気分になったときはどうしていますか？　お知恵を拝借したいです。

A.

ご相談ありがとうございます。

お気持ち、非常によく理解できます。僕の場合はそういう奴への対応は簡単で、ちょっとでも「こいつ失礼だ」と思うともう付き合いません。「貴様は俺に話しかける資格すらない」と思ってもう終わりですね。

では、そもそもなぜ「タメ口」を使ってくる奴が失礼に思えるのか。まずは言葉の語源を考えましょうか。僕もインターネットで調べただけなんで、もしかしたら違う説があるかもしれませんが、どうやら「タメ」とは、サイコロのぞろ目を指す賭博用語がもとになっているというのが通説のようです。「タメ」が一九六〇年代頃から「五分五分」を意味するものとして使われるようになり、その後、それが「同等」を意味するようになったとのこと。もともとは不良の言葉だったみたいです。

多分、「タメ口」の不愉快さは二つあるのではないかと思います。一つは「慣れ慣れしい」人間によって発せられた場合の不愉快さです。僕はこれでたまに腹を立てますね。「オメーは勝手に俺と同等だとか思ってんじゃねーよ」という気持ちになります。なお、「タメ」は語源に遡ると「同等」を意味するようですので、こちらの用法は語源に忠実な意味になります。

僕みたいにそういう人間に対してすぐにバイバイできるならいいのですが、仕事などでどうしてもそういう人間と付き合わねばならない場合もある。非常に難しいことではありますが、その場合には、相手に自分との距離を痛感させるしかありません。そしてそれを痛感させるためには、自分の方でしっかりと相手との距離を保ち続けるしかない。

必ず成功するわけではありませんが、自分と相手との距離を分からせるような屹然とした態度をしつこいぐらいにとり続けるのがいいでしょうね。うまく行けば、相手は自分が最初にとった態度を恥ずかしいと思うようになってきます。

更には、相手が自分のことを恥ずかしいと思う状態に陥っている、そのような図を思い浮かべながら屹然とした態度をとり続けるとよいでしょうね。その状態への誘導が成功する可能性が高まります。

まぁ、それでもうまくいかなかったら、「あいつ何なの？」と後で誰かに愚痴を言いましょう。

さて、もう一つの不愉快さは何かと言うと、スマイル０円さんの相談で問題になっている不愉快さはこちらではないかと思いますが、「いばっている」人から発せられる「タメ口」の不愉快さですね。

この場合、その人間は自らを〝上〟、こちらを〝下〟だと思っていて、上下関係が想定されている。ですから、実のところ「タメ口」そのものの問題ではありません。タメ口は語源からすると「同等」を前提とする言葉使いですからね。

するとスマイル0円さんのご相談の中心にあるのは、正確には、タメ口の問題というより、いばっている人間の不愉快さだということになると思います。事実、スマイル0円さんが日常的に不愉快な思いをさせられているのは、主に「中年男性」によってということでした。だいたい場面が想像できます。

それにしても、「いばっている」とはいったい何でしょうか？

実はここには非常に難しい哲学的な問題があります。「いばる」とは何なのかを明確に定義することは非常に難しいからです。その証拠と言ってよいか、「いばる」という日本語はほぼ翻訳不可能です。

たとえばフランス語に翻訳するとprétentieuxという語になると思うのですが、これは「畏怖の念を起こさせようとしている、あるいは、自己満足の雰囲気を見せびらかしている」という意味であり（『ラルースフランス語辞典』〔*Larousse de la langue française*〕より）、かなりニュアンスが違います。「いばっている」人の目指しているところが、「畏怖の念」であるとか「自己満足」であるなどとは到底思えません。「いばる」という概念は謎めいています。そう簡単には記述できません。日本の「いばっている」人を知らない外国人にその雰囲気を伝えるのはけっこう大変です。そんなわけで僕は一昨年、ある人と一緒に、「いばっているとは何か?」というテーマを含んだ研究計画で研究費をとろうとしたことがあったぐらいなのです（失敗しましたが……）。

すこし話が離れてしまうかもしれませんが、その際に考えていたのは丸山眞男のことでした。丸山は戦中の日本軍の軍人の態度を「小心翼々」と表現しました（「**軍国支配者の精神形態**」『現代政治の思想と行動』）。気が小さくていつもびくびくしていて、〃上〃の人間には媚びへつらい、〃下〃の人間には徹底的にでかい態度に出る。

そうした意識と行動の様式が完全に日本固有のものだとは言いません。ただ、何か特定の社会構造や権力構造の反映として、「いばる」「いばっている」は存在しています。そういう「いばっている」人間は何らかの構造の〃効果〃として生み出されているのです。実際、丸山はそこから日本の権力構造を分析しています。

僕も一度そういう人間を研究してみようと思ったぐらいなので、実はよく分からないところがあり、せいぜいこれぐらいのことしか言えません。ただ、そういう連中が

「構造の効果」として存在しているという認識を持てると多少付き合い方が見えてくるかもしれません。

参考図書

丸山眞男「軍国支配者の精神形態」『新装版 現代政治の思想と行動』所収、未來社、二〇〇六年（『丸山眞男セレクション』〔杉田敦編〕にも同論文所収、平凡社ライブラリー、二〇一〇年）

19　知人が、高校を中退して美容師になると言っているのですが……

相談者　ひじきさん（東京都・23歳女性・大学生）

Q.

知人の高校生（Aさん）について、相談させてください。よくある話だと思うのですが……。

Aさんは勉強が苦手かつ嫌いです。学校の成績が悪く、進級が難しい状況です。ミュージシャンを目指していたところ壁にぶつかり、美容系に進むことを考えたそうです。そこで早く専門学校へ進むため、高校を退学したい、と思っています。学校では先生から「お前はどうでもいい」と言われ、見放されている様子。ちょっと危ない人付き合いもありそうですが、本人はとても人懐っこくておしゃべりが面白い子です。

「高校を辞めるから勉強はしなくていい」というAさんに対し、私はありきたりながら、「将来を考えたら、職探しが少しでも有利になるためには高校を卒業したほうがいいと思うよ」「美容師の道も狭くて厳しいから別の仕事をするかもしれないじゃん」「進級して卒業するまでは勉強しよう」と言うのが精一杯で、それ以上は言葉に詰まってしまいました。

学校の勉強が苦手なことは全く責めるべきことではないですが一方で、美容や美術など、「とりあえず」ではやっていけない、強い意志が必要な世界だとも思います。べつに私はAさんの人生について全面的に責任を負っているわけではないし、なにを言ってもお節介になってしまうかもしれません。けれど、あのときあんな受け答えでよかったのかな……と、ふとした瞬間に思い出してしまいます。同じような状況の高校生はたくさんいると思うのですが、どうやって話をすることが相手の方にとって最善になったのでしょうか。

アドバイスいただけたら嬉しいです。

A.

ご相談ありがとうございます。

仰る通り、「よくある話」だと思います。これまでも数え切れない程、同じような物語が繰り返されてきたのでしょう。僕が名前も知らない彼らはその後どうなったのだろうか……とよく考えます。本人としてはその時は一生懸命に考えて判断しているつもりなんですね。でも、客観的に見ると、どうしようもなく不適切な判断。しかし、そもそも本人が周囲からのアドヴァイスを聞ける状態にないから、そのことを伝える術がない。

僕もそのような状態に陥った経験がありますね。大学生の時に突然「中世のアラブ哲学をやる」とか言い出して、アラビア語を勉強し始めたりして……。でも、そういう道には行かなかったし、行けたはずがないんですね。そこまでしてアラビア語をやりたかったかといえば、そんなこともなかった（フランス語の方を熱心に勉強していた）。じゃあなぜなのかというと、なんか、よく分からない。当時としては理由があったし、それも多少覚えているんですが、どうでもいいことなんです。しかしそれが本人には重要に思えてしまう。

じゃあ、この熱病みたいな思い込みをどうやって解除するかというと、僕の場合は周囲から指摘を受けることによってでしたね。「國分君、なんだかんだ言ってフランスの現代思想が好きなんでしょ？」とか「いきなり中世のアラブ哲学とかって、それ、やばいよ」とか。多少時間はかかりましたが、何とか熱病の熱は下がっていきました。そういうことを言ってくれる友人なんかが周囲にいたわけですね。運がよかった。

ただですね、後から思い込みを解除しても後戻りできない状況に身を置いてしまい、身動きがとれなくなってキツくなるということもありえますね。僕も思い起こせば、もうちょっとのところで、そうなっていたかもしれないと思います。どう考えても自分に合わないところに留学しちゃうとか、絶対無理な大学院を受け続けるとか、そういうことですね。僕はそうはならなかった。

思い込む人というのは苦しんでいるのですね。苦しいから思い込んで楽になろうとする。その人も苦しかったのかもしれません。ひじきさんが、「ミュージシャンを目指していたところ壁にぶつかり……」とお書きになってますが、このような久しぶりに聞いた懐かしの表現で紹介できるような状態ですし、まぁ、おそらく苦しさを抱えていたのでしょう。

本当にいいのは、その「苦しさ」が解除されることとです。しかしそれは非常に難しく、時間がかかります。けれど、ひじきさんが何か声をかけてあげることは無意味ではなかったと思います。思い込む人は、思い込むことで周りからのアドヴァイスを遮断し、それによって楽になろうとしているわけですけど、親しい人に真摯に語りかけられた言葉は届くこともあります。

ですが、繰り返しますけど、ちょっと話をするぐらいでは、この苦しさを解除するのは難しいでしょう。それぐらいの気持ちで接しないと、言葉をかける方がつらくなるだけです。だいたい、その人の場合、高校を辞めることが「もう後戻りできない状況」にあたるかどうかは分かりません。どうなるかは全く分からないのです。そのぐらいの気持ちで声をかけるしかないと思います。

さて、先ほど僕は自分が「運がよかった」と言いました。最近「運」についていろいろ考えるところがあるので、ちょっと書いておきたいと思います。ひじきさんの相談内容とも関係があります。

先日、とある数学者の方から、「運がいい人というのは、心身で行っている計算の量が多いのかもしれない」という話を聞きました。この話、詳しく話をすると「計算とは何か？」という数学の重大問題につながるので軽く書きます。問題になっているのは、先ほどの「思い込むことで周りからのアドヴァイスを遮断」のことです。

人間はものを考えたくありませんので、基本的に情報を選択的に吸収しています（この辺り、自分の本の紹介で恐縮ですが、『**暇と退屈の倫理学**』に書いた「環世界」の議論を参照してください）。思い込んでいる人間は、この選択がより強くなっていて、周囲からの情報吸収を極端に遮断しています。そうでないと、思い込みを突き崩す情報に晒《さら》されて、再び苦しい状態に戻ってしまうからです。

さて、このことが意味するのは、人によって周囲の環境から吸収する情報の量は大きく異なるし、同じ人でも心身の状態次第でその量が大きく変化するということです。情報の量が多くなると、普通人間はパニックを起こします。大量の情報を処理しきれないからです。ところが、どうやら、他の人よりも相対的に多くの情報を心身で受け取り、しかもそれが支障なく処理できている人がいるようなのです。

「情報」といっても、「どこで何が売ってる」とかそういうことではありません。いや、むしろそういうことも含めた、ミクロな情報群のことです。前にいる全然関係ない人の顔色とか、毎日会っている友人や同僚の精神状態とか、テレビでやっているどうでもいいCMの雰囲気とか、更には自分の体調の具合とか……。そういう自分に与えられている情報を他の人よりも多く受け取り、且つ無意識のうちにそれを処理できている人というのがいるのです。

運のいい人というのは、そうした人のことではないか、というのが先の仮説です。運がいい人というのは、したがって、大量の情報を無意識のうちに処理・計算しており、日常生活のうちに無数に存在する選択の場面でそれが役立っている。つまり、後に「ラッキーである」と思われるような帰結をもたらす無数の選択を無意識のうちに、そして不断に行っているというわけです。

僕はこの仮説はおそらく正しいと思います。そしてこの仮説が正しいならば、運は決して偶然ではないことになります。「運がいい」人は、これまで積み上げてきた厖《ぼう》大《だい》な情報処理に基づいて、無意識のうちに適切な選択をこれまた積み上げている。「運が悪い」人は、情報をできる限り排するようにして生きていて、計算結果を積み上げていないため、無意識のうちに行われている無数の選択の場面で利用できる情報のリソースが乏しく、適切な選択が行えない（すこし前に「ざんねんな人」という言い回しが流行りましたが、それも多分このカテゴリーに入ります。一生懸命だけど、いや、一生懸命だからこそ、情報の受け取りを無意識に拒否しており、計算結果を積み上げることができていないわけです。だから常に残念な結果に終わる）。

よく「運を引きつける！」みたいなことを書いてあるスピリチュアル系とか自己啓発系の本がありますけど、あれって、この話を、その本質（無意識の情報処理）は理解せず、いくつかの事例だけに基づいてテキトーに抽象化して話しているだけですね。だから読んでもどうすればいいかは全然分からないわけですし、役にも立たないわけですが、しかし、運を引きつける人というのは確実にいると思います。

ひじきさんが心配なさっているご友人は「運のいい」方かどうか……。そもそも情報の処理能力には個人差があるでしょうから、どうしようもないところはあります。

ただ、思い込みを排するぐらいのことは時間をかければできるでしょう。すこしずつ話をしながら、運がよくなっていくといいですね。僕もそうなりたいものです。

参考図書

國分功一郎『暇と退屈の倫理学』朝日出版社、二〇一一年（増補新版は太田出版、二〇一五年）

20　交際相手が自分の言葉で話してくれません

相談者　アマランさん（埼玉県・23歳女性・大学生）

Q.

國分さんこんにちは。

私の相談事は、恋人の男性が自分の言葉で話をしてくれないということです。何か返答を求めると、本の引用や、本そのものを引っ張り出し、他人の言葉を引用してきます。悩んでいる様子を見せると、楽曲のＵＲＬなどを送ってきます。私が自分の気持ちを伝えても、相手からは引用や、完成された音楽による返答しかないことに少々不満を感じております。

また、お互いすれ違いで喧嘩になったとき、私が怒っているときなどは「どうすればいいかわからない」「どうすればいいか教えて」と言ってきます。

私は、自分で考え、自分で感じたように行動してほしいのです。でも本人には言えずにいます。彼自身は、とても優しく、真剣だというのがわかるからです。自分の言葉で話さない、ということが、彼への侮蔑に値する、という自覚があるからです。ちなみに、それ以外の時、何を話しているかというと、本当にたわいもないことです。また、彼は基本的に無口です。いつも何を考えているのかわかりません。教えてほしいと思いますし、中身が空っぽで自分の言葉で話せない人なのではないかという不信感もあります。

一番の悩みはそこでして、私は実際、中身が空っぽなんじゃないかと、彼を少し見下している自分をどうにかしたいのです。彼は中身が空っぽなのでしょうか。自分の言葉で話さず他人の引用ばかりする彼を、私はどう信頼していけばよいでしょうか。愛する恋人を見下す自分がとてもいやで、ご相談させていただきました。ご返答いただければ幸いです。よろしくお願いいたします。

A.

相談ありがとうございます。

それにしても、アマランさんの彼氏に対する見下しはハンパないですね。すこし確認しましょうか。

最初に出てくるのが、「少々不満」。これは遠慮気味に書いているわけですね。ところがその後、かなり唐突に「侮蔑」という言葉が出てきます。「少々不満」という言い方では抑え切れなかったんでしょうね。本音に近い言葉が出てきたという感じです。

そしてこの後ですよね。すさまじいです。

「中身が空っぽ」
「中身が空っぽ」
「中身が空っぽ」

三回も書いているんですよ？　僕だったら、単なる知り合いに対しても、

「中身が空っぽ」
「中身が空っぽ」
「中身が空っぽ」

なんて三回も書けませんよ。

ところがその後アマランさんはわざとらしく「愛する恋人」なんて書いているわけです。これって簡単な話で、

「中身が空っぽ」

ますかね？

って三回も書いてしまったから気が咎《とが》めて、「いや、この人はとってもいい人なの。

私はこの人を愛しているのよ」と自分に言い聞かせるように書いているわけですよね。

「中身が空っぽ」

「中身が空っぽ」

「中身が空っぽ」

って三回も酷い言葉を浴びせかけることができる相手が、「愛する恋人」であり得ますかね？

アマランさんは恋人を「愛している」のではなくて、自分のプライドを維持するために利用しているんじゃないですかね？

「プライドが高い」というのは、もちろん、言うまでもなく、「自信がある」の正反対です。自信がない。だから誰かを見下すことで自分のプライドを維持しようとする。たぶん彼氏もアマランさんも、それなりに知的な人なんでしょう。もしかしたら大学院生かもしれませんね。まぁ、あの界隈は、「自信がない」から「プライドが高い」という人が多いですね。

「プライドが高い」人で一番ブザマなのは、時たま、他人を見下す自分の気持ちに対して罪悪感を抱くことなんです。自信の欠如ゆえに他人を見下し、それによって自分のプライドを維持しているというこの構造そのものが問題なのに、そこには思い至らない（というか、思い至りたくない。思い至ったら自信のなさに直面することになるから）。だけど、やっぱり、ずっと他人を見下し続けるという状態に精神は耐えられないから、その代償として罪悪感を得る。

ところが、そういう人間はこの罪悪感がいったいどうして発生したのかを考えることができない。つまり先の構造に思い至らない。それどころか、ちょびっとだけ現れた反省的意識によって自らの罪悪感を察知できたことに、なんだか知らないけど満足感を得たりするんです。要するに「そんな風に罪悪感を感じることのできる自分は繊細だ」と勘違いするわけです。

そういう人間が自分だけで完結しているならいいんですけど、だいたいは自分で気付かずに周りに迷惑をかけるタイプであり、往々にして周囲を巻き込みます。その巻き込み方で最も厄介なのが恋人関係です。関係の密室性が高くなり、周囲からのアドヴァイスも受け入れにくくなります。

あと、アマランさんは自分ではお気付きになってないかもしれませんが、相談内容が冒頭と末尾で変わっています。

冒頭には、

「私の相談事は、恋人の男性が自分の言葉で話をしてくれないということです」

とあり、まるで彼氏のことが相談内容であるかのように書かれていますが、末尾では、

「愛する恋人を見下す自分がとてもいやで……」

となっています。

あなたは彼氏のことを心配しているような振りをしていますが、自分のことしか考えていないのだろうと思います。ですから、相談内容の最初にあった心配の振りが――ちょうど「少々不満」が「侮蔑」や「中身が空っぽ」に変わっていったように――自己意識の問題に変わっていっているのです。

だいたい、アマランさんの相談内容を読んでも、彼氏の像が全く浮かびません。これもアマランさんが彼氏本人のことを考えていないことの証拠でしょう。本当に誰かのことを考えていて、そのことを誰かに伝えようと思ったなら、何かしら言葉の背後から伝わってくるものです。しかしそれがない。

彼がどういう人間かについては、二つパターンが考えられると思います。本当に相

当頼りないタイプか、あるいは、あなたと同じような（自信のない）「プライドが高い」タイプか。僕は後者の可能性が高いと思いますが、どうですかね。

いずれにせよ、「どうすればいいかわからない」というのは本心なのだろうと思いますよ。アマランさんは「自分で考え、自分で感じたように行動してほしい」と書いていますが、そもそもアマランさんが抱えるぼんやりとした不満は、アマランさんのアマランさんに対する不満から発生していますので、それを解消するような仕方で彼氏が行動できるはずがないんです。だから「どうすればいいかわからない」んです。

この回答の冒頭で「中身が空っぽ」を十二回書きました。自分の彼氏についてこんな言われ方をして、アマランさんはどう感じますか？　ちょっと國分は酷いんじゃないかと思いましたか？　だったら、その言葉を三回も書いてしまう自分の気持ちについてすこし考え直してみてください。そして自分が彼に対してどういう位置に立とうとしているのか、していたのか、それを考え直してください。もしかしたら、彼氏はアマランさんにとって、本当に大切な人かもしれませんから。

でも、自分の彼氏についてこんな言われ方をしているのに、それが特に気にならないのなら、やはり「愛する恋人」でも何でもないので、すぐに別れた方がいいです。というか、彼氏がかわいそうですので、別れてあげてください。

21 一対一の恋愛関係がクソゲーに思えて仕方ありません

相談者 ハーゲンダッツ大好きさん（東京都・22歳女性・大学生）

Q.

初めまして、こんにちは。

突然ですが私は最近彼氏と別れました。すれ違いやらケンカやらを経て、近頃こういう風に思うわけです。ふたりっきりの恋愛関係ってそんなに楽しくねーじゃん、と。いや、実は前からこのことには気づいていたのかもしれませんが、本当にそうだった（爆）!! みたいな感じがあります。

たったひとりの人と一緒に過ごすとかセックスするとか向き合うとか並んで歩くとか、やってみると全然楽しくありません。恋愛に「欲を満たす」という条件があるとするなら、私の欲はそんなことでは満たせないのですよ。ではどうしたいのか。これは簡単で、私はおそらく大多数に「ちやほや」されたいんですね。大多数にデートに誘われ、君と一緒にいたい

と言われ、姫扱いされ、それなりの愛を注がれたいと思ってる。正直アイドルとかになりたいですね！（笑）

でもこれって私だけがはまっちゃってる穴だとは思えません。こういうこと考えてる女の子って多いんじゃないですか？　だとしたらこの感覚って一体なぜ生まれてしまうんでしょう？

これがひとつお聞きしたいことです。

ていうか恋愛が面白くないのって、相手が悪いとか私が悪い以上の何かを感じます。それにしても、どうしてこんなに面白くないものにめちゃくちゃ価値が置かれているような気がしてしまうんですかね。たとえ恋愛がクソゲーでもクリアしなければ、いや、クソゲーだからこそ容易にクリアしなければならない、というのは一体どういうわけなのか……。

我々は選ばれし運命の二人！的世界観に一通り酔ったのち、いつかデート内容もネタ切れし、セックスもマンネリ化し、別れていく……といったなんとも残念な真剣恋愛ゲームよりも、私はさっき言ったような逆ハーレムゲームを賢く楽しく攻略したい。だってそのほうが面白そうです。

しかし、だとしたら今ひとり対ひとりの恋愛ってどうなんでしょう？　やっぱ不可能なんですかね？　楽しくなることはないのでしょうか？

クソゲー云々言いつつも、私はたったひとりを選ぶことに完全に否定的なわけではありません。むしろ本当は求めてるんじゃないかとすら思います。そういう存在を。では、今いかに一対一の恋愛関係は可能なのか。これが二つめのご相談です。

長くなりましたが、以上が私の人生相談です。よろしくお願いします。

A.

相談をお寄せいただきありがとうございます。

ハーゲンダッツ大好きさんの文章を読みながら、「なんかこういう雰囲気の文章ってどっかで読んだことあるなぁ」って思ってずっと考えていたんですが、思い出しました。

ケータイのメアドを新しくした後、しばらくするとなぜか送られてくるようになる、出会い系サイトのサクラが書いた文章にそっくりです。

「ただ、遊んでくれるだけでいいんだけどぉ」とか、「やっぱい、大学生になってから私の性欲爆発かも（爆）!!」とか「会ってホテルに直行とかでもいいんですけどね！（笑）」とか……そういうことが書いてあるメールですね（爆）!! ほんとバレ

バレなのによく書くよね！（笑）

実際にこうやって僕もマネして書いてみると分かるんですが、こうした口調に通底しているのは、古い言い方ですけれど、「なんちゃって」という雰囲気ですね。つまり、真剣なところまで行くようで行かない。

ハーゲンダッツ大好きさんがそういう「なんちゃって」と言いたい精神状態に陥っているのは、誰がどう見ても、ハーゲンダッツ大好きさんが――ご自身ではそれを否定するでしょうが――彼氏と別れて傷心の状態にあるからでしょうね。

付き合っている間、一生懸命にやってみたけれど、結局こうなってしまった。だから、まるで木の高い所になっているブドウが採れなかったがために「あのブドウはすっぱいんだ」と自分に言い聞かせたキツネのように、「誰かと一対一で付き合うのは楽しくないんだ」と自分に言い聞かせている。

でも、そういう振る舞いが「あのブドウはすっぱいんだ」と自分に言い聞かせているキツネにそっくりだということもハーゲンダッツ大好きさんは分かっている。だから、真っ正面から「一対一の恋愛関係というのはつまらないものである（あのブドウはすっぱい）」とは言わずに、「ふたりっきりの恋愛関係ってそんなに楽しくねーじゃん（あのブドウって、たぶん、すっぱいんじゃね？）」と口にしている、と。

まぁこのメカニズムを雰囲気で表すと、「なんちゃって」になるんでしょうね。「あのブドウはすっぱい」と、はっきりした言葉で言いたい気持ちがあるのだけれど、そういうのはカッコ悪いから、ちゃかして言う。キツネは賢いと言われますけれど、自分はキツネよりは賢い、と。

多くの人にちやほやされたいというのは、単にこのメカニズムの効果として出てきた気持ちじゃないですか？　だって一人の恋人とうまくいっている時にはそんなこと思いませんね。ご自身で、自分がいろいろな精神状態にいた時のことを思い出してみたらいいんじゃないでしょうか。

人間の気持ちというのは心身の状態によって本当に簡単に一八〇度変わります。ちょっと話は逸れてしまうかもしれませんが、森岡正博さんが『**感じない男**』という隠れた名著の中で、いわゆるオナニーの「オカズ」として使われたポルノやグラビアは、射精が達成されると、突然目の前から消えて欲しいものになってしまう、と書いています。

不思議です。それまでの数分間、想像力のポテンシャルを最大限に発揮しつつ、視覚の解像度を限りなく高めて凝視していた対象が、射精という一瞬の身体的変化を経ることで、全く無価値なものになってしまうのです。

人間の気持ちなどそんなものなのです。心身の状態によって簡単に変化するのです。もっと分かりやすいのは病気になった時ですね。病気にかかると世界が全く別様に見えます。それまでは期待の対象であったものが、たやすく不安の対象になります。だから、「本当は女の子はみんなアイドルになりたいんだ」とか、「誰もが多くの人間からちやほやされたいと思ってる」とかいうのは、たとえそういう人間がたくさんいたとしても、不正確な物言いです。なぜなら、そうした気持ちが出てくることには必ず原因があるからです。一人の恋人と、とってもうまくいっている時には、そんなことは思わないのです。

さて、さきほどハーゲンダッツ大好きさんの相談文を出会い系サイトのサクラが書いた文章などと言ってしまいましたが、実は、或る箇所からはそうでなくなっています。

それは「クソゲー」という言葉が出てきた辺りからです。

「クソゲー云々言いつつも、私はたったひとりを選ぶことに完全に否定的なわけではありません。むしろ本当は求めてるんじゃないかとすら思います。そういう存在を」ここなどはすこしも「なんちゃって」ではありません。むしろベタベタです。倒置法まで使われています。

この辺りがハーゲンダッツ大好きさんの欲望の素直な姿が現れているところだと思われます。

何かというと、非常に強いロマンチシズムですね。

「むしろ本当は求めてるんじゃないかとすら思います。そういう存在を」

この倒置が使われた文を読みながら僕は八〇年代を懐かしく思い出しました。八〇年代というのは皆が浮かれていた時代のように思われていますが、ちょっと違います。八〇年代は非常にロマンチシズムが強かった時代でした。それをそのまま表現すると恥ずかしいから、「なんちゃって」と言っていたのです。八〇年代というのはロマンチシズムと「なんちゃって」が対になっていた時代でした。

ハーゲンダッツ大好きさんが最後に見せてしまったこのロマンチシズムは、僕が冒頭で提起した「すっぱいブドウ」の仮説を非常に強固なものにします。ロマンチシズムが強いがために、恋愛関係への期待も強く、そしてその実現のために努力もしてしまう。その結果、それが失敗すると（というか、ロマンチシズムに基づいているのだから基本的には失敗します。ロマンチシズムの内容に対応する現実など存在しないからです）、その反対側、すなわちロマンチシズムそのものの否定へと移行してしまう。「一対一の恋愛関係なんてくだらない」と、自分がそれまでに強く希求していたものそのものを否定してしまう。

しかし、最初の話に戻りますが、その否定を表現するにあたって、ハーゲンダッツ大好きさんはキツネよりは賢いものだから、それをそのまま表現しようとはせずに、出会い系サイトのサクラのような口調でそれを表現するわけですね。

このことを、ハーゲンダッツ大好きさんがお使いになった「クソゲー」という言葉を使ってもっと詳しく説明することもできるでしょう。ハーゲンダッツ大好きさんは「恋愛はクソゲー」と書いた。そして、それを書いた瞬間、「もしかしたら私がこのゲームをクソゲーと言っているのは、自分がそれをうまくプレイできていないからに過ぎないのかもしれない」とちょっと気付いた。

だって、「一対一の恋愛関係は可能なのか」なんて質問は、答える必要のない質問ですよね？　この質問って、「そんなことないよ」って言ってもらいたいというハーゲンダッツ大好きさんの欲望の反映以外の何ものでもありません。つまりハーゲンダッツ大好きさんは、自分がうまくゲームをプレイできていないから「これはクソゲー」って吐き捨ててるに過ぎないって、自分でも気付いているわけですよね？　じゃあ、もう一回プレイしてみてもいいんじゃないですかね。

僕の世代の有名なクソゲーに『バンゲリングベイ』っていうファミコンソフトがあ

ります。高橋名人がいたハドソンのソフトです。『コロコロコミック』が大々的に取り上げたものだから、前評判だけで売れた。だって売り文句が「今世紀最大のゲーム」でしたからね。いま考えてもすごいですよね。「今世紀最大のゲーム」！

ダダダダッ、ダッダダ、ダダダダッ、ダッダダ、ダダダダッ、ダッダダ、ダダダダッ、ダッダダ……

これじゃ分からないでしょうけど、これがこの『バンゲリングベイ』のゲーム音楽なんです。三十年近く経っているのに、頭から離れない。で、いまでも忘れられないんですけど、この音楽を聴きながら数分プレイして、だんだん自分でも認めたくない気持ちがこみ上げてきたんです。もしかして、このゲーム、クソゲーじゃ……。たぶん、少なからぬ人によって共有されている感覚です。

ところがですね、最近知ったんですけど、ネットのゲーム系サイトなんかを見ていると、「実は『バンゲリングベイ』はおもしろい」という評価を見かけるのです。これは高度な戦略が必要なゲームであり、その辺りが小学生ぐらいでは分からない、と。ビームをバンバン発射して敵を撃ち落とすゲームではないので、単純なシューティングゲームの快はない。むしろ知的な快が得られるゲームだというわけです。

僕は目から鱗が落ちました。クソゲーを買ってしまったというあの忸怩《じくじ》たる思い、

「自分では認めたくないが、しかし認めねばならない……」というあの悔しい気持ちのために、僕は「もしかしたらこのゲーム、最初はつまらなかったけれど、後からおもしろくなるかもしれないぞ」という考えに思い至れなかった。そして、そのまま三十年近くの時を過ごしてしまったのです。

ハーゲンダッッツ大好きさんにとって恋愛は『バンゲリングベイ』かもしれないですよ。

「あんなのはクソゲーだ」と思っていた。なのに、なぜかダダダダダッ、ダッダダ、ダダダダッ、ダッダダ、ダダダダッ、ダッダダ、ダダダダッ、ダッダダ……という音楽だけは頭に残っていた……。それは再評価を待っている『バンゲリングベイ』の訴えかもしれない。

「今世紀最大のゲーム」ではないかもしれませんが、やり直してみるとけっこう楽しかったりするかもしれませんよ。

参考図書

森岡正博『感じない男』ちくま新書、二〇〇五年（決定版はちくま文庫、二〇一三年）

※図書ではありませんが、高橋名人がブログで『バンゲリングベイ』を取り上げています。
https://ameblo.jp/meijin16shot/entry-11506591191.html

22 ぼくと家族が生き抜くためには何が必要でしょうか？

相談者　牛尾千里さん（神奈川県・39歳男性・会社員）

Q.

今年40になる編集者です。社会人になって十五年目、定年を60歳としても、あと最低でも20年、斜陽産業で働かなくてはなりません。飛び出せ、腕一本で稼げ、と仰るかもしれませんが、未就学の子どもが三人。不動産ローンも組んでしまったので、よほどのことがない限り、「社畜」の道まっしぐらです。ぼくは、ぼくの家族は、どうやって生き延びたらいいでしょうか。また、生き抜くためには何が必要でしょうか。

特に、どの業界のどの分野で、どんなスキルを持って……、といった偶然性に左右されるような具体的な話ではなく、どのような心構えをもてばいいのか。どのようにふるまえばいいのか。そうした抽象的で精神的な態度について伺いたいです。

（あ、でもお手軽で圧倒的に有効な具体策があるなら、それはそれで知りたいです）

また、こうした心構えの問題は、ぼくのようなアラフォーの団塊ジュニアと、それ以上の世代、それ以下の世代、就職活動中の世代で違うでしょうか。同じでしょうか。もし同じなら、彼らにも役立つと思います。よろしくお願いいたします!

A.

ご質問ありがとうございます。

出版って「斜陽産業」なんですか? 哲学の本って売れないって言われます。大学生の時に受講したクソつまらない「哲学」の先生も「哲学の本なんてまずたくさん印刷してもらえないんだよ」とか言ってました。

僕が書いた哲学の本は三万部以上売れました。まだ売れてます。哲学の必要を理解してもらうにはどうしたらいいか、どうやったら普段は哲学の本なんか読まない人にも手にとってもらえるか、どういう口調が最も読みやすいか、そうしたことを編集者の方と何度も話し合って、本当に苦労して丹念に作り上げた結果です。僕は少なくとも十万部は売らねばならないと思っています。

僕は大学院で博士論文を出して博士号をとりました。僕の同世代の研究仲間は、ほぼ全員が博士号をとっています。僕よりちょっと前の世代の人たちは博士号をとりませんでした。僕は或る先生から大学院生の時、「文系で博士論文を書くというのは無理なんじゃないか」と言われました。その先生は博士論文は書いていませんでした。つまりこの発言は「君が書いた博論なんてろくなものにならないから、書くなよ」という意味だったわけです。でも、僕は博論を書きました。僕の友人たちも書きました。どれも立派な本になっています。

このメルマガは『ＰＬＡＮＥＴＳ』という雑誌でやっているものですが、この雑誌、最初は三百部の同人誌としてスタートし、いまでは一万部近く売っているそうです。編集長の話を聞くと、本当にいろいろ工夫して考えていますからね。でも、いまは一般的には雑誌は売れないと言われているそうですね。

「無理だ」「仕方ない」「だって……」。そういう口調の人はどこにでもいます。まぁ、自分のせいなのに周囲のせいにしているということですね。大学教員にもよくいます。自分の講義がクソつまらないから学生がやる気を出せないのに、学生のことを「だからいまの学生はダメだ」と言う。なんで自分が「ダメ」なのに気付かないんですかね。もちろん無能だから気付かないのでしょうね。

僕も最初、非常勤講師として大学の教壇に立った時は全然うまくいかなくて、講義の後、あまりに落ち込んで、帰ってから寝込んだりしてました(本当の話)。だから「次はどうしたらいいか」って毎回考えました。その中でいくつか自分のやり方を発見していきました。たとえば、毎回最後に感想を書いてもらって、それを読んでその回の問題点を把握し、反省を次回に活かすとか、そういうやり方ですね。

もちろん、そうやって工夫できたのは、いろいろな人の手助けがあるからです。友人に聞いたりして考えるんです。本の場合には編集者がとっても大切ですね。僕の『暇と退屈の倫理学』は、最初ゴリゴリに固い論文口調で書かれていたんです。そうしたら編集者の方が「このテーマをこんな口調で書いたらもったいない」と言って、もっと間口が広い言葉で書くことを勧めてくれたのです。

たぶん「出版は斜陽産業」「自分はこのまま社畜」とか思っている編集者にはこんなアドヴァイスはできないでしょう。僕は「哲学の本は売れない」とか「文系で博論書くのは無理」とかそういうことを言われると「テメー、ふざけんじゃねーよ」という気持ちになって、何年かかってでも鼻をあかしてやろうとしますが、そういう僕を応援してくれることもないでしょう。だから、そういう人とは絶対に一緒にお仕事をしたくありませんね。

要するに、あなたみたいな人が、全身全霊を傾けて、出版を斜陽産業にしようとしているわけですね。

で、こういうことを言うと何が返ってくるかも分かっているんですよ。「もちろん國分が言っていることは正しいよ。でも、そうは言ってもさ、できるやつとできないやつがいるわけじゃない？　あいつは自分の言っていることが誰にでも当てはまると思ってるんだよ」。

でも違うんですよ。〈できるやつ〉と〈できないやつ〉がいるんじゃないんです。〈やりたいやつ〉と〈やりたくないやつ〉がいるんです。自分は「斜陽産業」内部の「社畜」と思っていて、特にやりたいこともないんなら、一回やめちゃったらどうですか？　そうしたら何かに気付くかもしれませんね。出版業界は移動も激しいし、一回ぐらいいいんじゃないですかね。

僕は「飛び出せ、腕一本で稼げ」なんて全然思いません。いろいろな業界でフリーになりたがる人も結構いるけれど、ほとんどの人間にはそれは無理ですね。それにフリーになった人も、いつものコネクションで仕事を定期的にもらうという形態になっていくわけで、新規開拓を続けていくなんてのはごく稀ですよね。そういうことができる人は特別なので、別に誰かが何かを言う必要もない。

「社畜」であり続けるか、それとも、「飛び出せ、腕一本で稼げ」か、ってこの二択しかないってのが、本当に貧困な発想ですよね。僕には意味不明です。この発想の貧困が何を意味してるかというと、いま自分がいる環境の中で何ができるのかを全く見ようとしていないということですよ。つまり、この二択の中間のことを全く考えていない。いま携わっている仕事に、こんなスパイスを加えたら、こんなにいいものになるかもしれないとか、そういうことを考えない。で、つまらない結果が出てくると、その原因は周囲にあると言う。「工夫してみたら?」というアドヴァイスをくれる人には、「できるやつとできないやつがいるんだよね〜」などと返す……。

……と、ここまで言われると「テメー、ふざけんじゃねーよ」という気持ちになるんじゃないかと思いますので、それに期待しています。

参考図書

國分功一郎『暇と退屈の倫理学』朝日出版社、二〇一一年(増補新版は太田出版、二〇一五年)

23　彼氏の仕事を応援することができません

相談者　アクアマリンさん（東京都・39歳女性・自営業）

Q.

國分先生、はじめまして。格好悪い話ですが、ご意見頂ければ幸いです。

私には付き合って三ヵ月になる恋人がいます。そこそこ名の知れた企業の会社員ですが、知り合った当初から「会社の中だけで終わるような人間にはなりたくない。そのために会社の仕事とは別に事業を立ち上げて頑張っている」という、男のロマン的な壮大な話を聞かされていました。ただ、その事業の内容についてははっきりと聞かされていませんでした。

しかし付き合いが進むにつれ、色々と彼の行動に不信感を抱くようになり問い詰めた所、その事業が某海外ブランドのネットワークビジネスであることを打ち明けられました。ネットワークビジネスと言えば聞こえはいいですが、早い話がマルチ商法。試しにその会社のHPを見てみると……「毎週20％のコミッションが支払われる」「新たな会員を育てればあなたの収入もアップする」、他にも、特別ボーナス・豪華旅行・車などの高額賞品……。出るわ出るわ、胡散臭い誘い文句のオンパレード。やっている本人も「ネズミ講みたいなもんだ」と、あっけらかんと言い放つ始末。それが「男のロマン」なのだとしたら、なんて小っちゃいもんなんだろうとショックというより、情けなさでいっぱいの気持ちになりました。

彼は私にその会社の商品を買わせたり、会員にさせたりするつもりはないようで、私自身も「一切関わる気はない」と言い放ってあります。ただ彼は、「この仕事に懸けている。理解してほしい」と言います。そう言う彼がやっている仕事について「理解」はしましたが、「賛成」することはどうしてもできません。

出来る事なら止めて欲しいし、必死で阻止したいところですがその道に詳しい方に聞いても、マルチにはまっている人の洗脳を解くのは本人が大損でもして気づかない限り難しいと言います。

こんな怪しい仕事をするような彼とは早い段階で別れてしまった方が得策なのでしょうが、マルチをやっているという部分を除けば良い相手ですし、私も年齢が年齢なので、出産の事などを考えるとどんなに小さな縁でも逃したくないという思いがあります。

ただ、いくら私の事は大切にしてくれるとはいえ、金儲《もう》けのために、どこかの誰かを欺くような事をしているのかと思うと……。

そんな事実を知っていながら笑って過ごしていていいのだろうか……という後ろめたい気持ちは拭うことはできません。

説明が長くなりましたが、先生にお尋ねしたいのは相手にわずかでも不信感を抱きながらの付き合いは遠くないうちに歪みが生じ、破綻を招くものなのかどうか。また男性の立場から見て、自分の仕事に対して理解を示さない、応援する気がないパートナーとは関係を続けることは難しい事なのでしょうか、という事です。

よろしくお願いいたします。

A.

ご相談をお寄せいただきありがとうございます。

非常にセンシティヴな相談内容だと思います。しかし、アクアマリンさんの中ではほとんど答えは出ていて、いまは誰かに背中を押してもらいたい……そういうお気持ちなのではないかとご相談の文面を読みながら考えました。

「相手にわずかでも不信感を抱きながらの付き合いは遠くないうちに歪みが生じ、破綻を招くものなのかどうか」

はい。アクアマリンさんがこのように正確に記述している通りであろうと思います。不信感を抱きながらの付き合いには、遠くないうちに歪みが生じるでしょう。ですが、ここで一点付け加えなければなりません。歪みが「破綻」へと向かうのならば、それはむしろ幸運である。歪みを抱えたまま、歪んだ状態が続いていく可能性こそが最も恐ろしい、ということです。

革命家だったらこんな風に説明するかもしれません。

……資本主義は矛盾を抱えており、矛盾の堆積はいつか革命を引き起こす。しかし、もしかしたら社会は、矛盾に対する対応策をあれこれと捻出し、矛盾を、その悪質な搾取・抑圧機能はそのままに、しかし決定的な効果は持たない状態で維持するかもしれない。そうなると、矛盾はそのまま維持されているのに、いっこうに革命は到来せず、搾取と抑圧の止まない社会が続いていくことになる。しかも、社会はある程度その矛盾、すなわち搾取と抑圧に対する対応策を捻出しているから、人々のつらさは、相当なものでこそあれ、許容不可能な程度には達しない。人々はつらいけれども、そのつらさを我慢して、耐えてしまう……。

革命家だったらここで、「だから階級意識の外部注入が必要だ」となります。彼らに、「自分たちが被搾取階級であることを意識させねばならない！」となるわけです。

さて、僕が恐れるのは、アクアマリンさんが、「小さな縁でも逃したくない」という気持ちから、このような状態に陥ってしまうことです。アクアマリンさんは、既に「破綻」の可能性を考えていらっしゃる。ということは、この「歪み」を相当に現実的なものとして予感されているということです。これは相当深刻に受け止める必要があると思います。

更に気になるのは、アクアマリンさんが子作りを考えていらっしゃることです。もし歪みを抱えたまま、しかし破綻を迎えずにこの計画が実現してしまうと、アクアマリンさんは、〈革命も起こらないが矛盾も解消していない社会〉をお子さんと一緒に耐えなければならないことになるのではないでしょうか？

アクアマリンさんだけならばいいです。自分で選んだ責任もありますから。しかし、親は自らが堪え忍ぶ矛盾を必ず子に向けます。絶対にそうします。すると、アクアマリンさんが既に現実のものとして感じている「歪み」は、子にそのまま向かっていくことになるでしょう。僕はこれが本当に恐ろしい（この点については、アリス・ミラー『**魂の殺人**』を読んでみて下さい）。

もう一つ、アクアマリンさんは、「自分の仕事に対して理解を示さない、応援する気がないパートナーとは関係を続けることは難しい事なのか」という質問もなさっています。

こういう質問をなさること自体が、何事かを意味しています。つまり、アクアマリンさんは既に相手の男性から、そう思わざるをえない対応を受けているのではないでしょうか？

「ネットワークビジネス」なるマルチ商法にどっぷり浸かっていて、「会社の中だけで終わるような人間にはなりたくない。そのために会社の仕事とは別に事業を立ち上げて頑張っている」とか口にしてしまうような男が、交際中の女性からそのことにドン引きされたら、普通は「あいつは俺のことが分かっていない」という気持ちになりますよね？

アクアマリンさんは既にその男性から、「いま自分が人生をかけているこのマルチ商法に理解を示さないあいつは、そもそも俺を応援する気がないんだ」という無言のメッセージを受け取っているのではないですか？「男性の立場から見て、自分の仕事に対して理解を示さない、応援する気がないパートナーとは関係を続けることは難しい事なのでしょうか」と書かれた時の「男性の立場」とは、その男性が既にとっている「態度（＝立場）」を指していたのではないですか？

僕が冒頭で、いまアクアマリンさんは誰かに背中を押してもらいたい気持ちではないかと書いたのはこういう意味です。

現実的なものとして予想される歪み、そして現実に目の前にある相手の対応。もうアクアマリンさんの心は決まっているのではないですか？

「これはマズいかもしれない……」という気持ちで何かをすることは、一生の後悔を生み出します。これはどんな小さいことについてもそうです。

さて、こうしてお答えしてきたものの、これだけではアクアマリンさんの悩みに答えたことにはなりませんね。相談を読みながら、アクアマリンさんが結婚や子作りに関して、年齢の点から大変焦っていらっしゃることがよく分かりました。これは本当に重大な悩みであると思います。僕も何度か同じ相談を受けたことがあります。そのことについて、そのたびにいろいろと考えてきました。

いまの僕の考えはこうです。いまで言うところの「婚活」、昔のお見合い、そういったものを恥ずかしがることは全くないということです。もしも焦っていらっしゃるのなら、そういったやり方を一つの可能性として考えてみてください。

よい結婚相手との出会いなんて、はっきり言って僥倖としてしかやってきません。運命の出会いなんてのは、ほとんどないんです。だからこそ、昔の人たちはその場を用意しようとした。それがお見合いです。

僕はお見合いをかつてのように盛んに行うべきだという立場です。別にみんなが結婚しろなんて全く思いません。女の人に「そろそろお嫁にいかないとね」なんてプレッシャーを与えるヤツはくそくらえだ。しかし、結婚したい人がいるのにそれが完全に運命任せなのはおかしい。

アクアマリンさんはお仕事もなさっているようですので、これは単なる一般論として聞いていただきたいのですが、いまの社会は、「責任を持った主体が一人で自分の生活を全て維持する」というモデルにあまりに強く依拠しています。しかし、様々な理由からそれができない人はたくさんいるのです。ならば、誰かと助け合って生きていく際のモデルの一つとして、結婚があってもいい。そして、そのモデルを利用したいのにできない人がいるのなら、やはり社会がきちんと助力すべきではないか。まだそうした助力はきちんとなされてはいませんが、手助けしてくれる人はいるはずです。アクアマリンさん、よい出会いがないこと、これまでなかったことは、すこしも変なことではありません。ですから、出会いを組織する場を恐れず、積極的に活用してください。

参考図書

アリス・ミラー『新装版 魂の殺人——親は子どもに何をしたか』山下公子訳、新曜社、二〇一三年

第三部

仕事も情熱も相談も

反革命の思想こそがやさしさを……

24 理想や情熱を持って働きたいというのは贅沢なのでしょうか?

相談者　バンダースナッチさん（大阪府・26歳男性・会社員）

Q.

こんにちは。是非聞いて下さい。

広告会社に入社して三年目の男です。

学生時代から熱望していた業界で、拾ってくれた会社には恩義も感じています。ただ、入社してすぐ、これでいいのかと悩むようになりました。いわゆる理想と現実の壁もあるのですが、希望していた企画部ではなく、営業部へ配属され、異動の見込みはないと告げられたためです。意気込んで「何でもやります」と言って入った手前、話が違うとも言えません。そんなこと言わなければ良かったのかもしれませんが。

正直、今私は、仕事が楽しくありません。妥協した発言（そのつもりはなかったのですが）の結果、そんな不遜な思いを抱くようになってしまったのです。

企画職をやりたいだけなら、気がとがめても、転職すればいいのかもしれません。ただ、恐ろしいことに、自分が本当に企画職をやりたかったのか分からなくなることもあります。

私自身は、畢竟《ひっきょう》欲しいものを総取りできるくらい、圧倒的に勝利するしかないのではないかと考え、日々働いています。手は抜きません。努力もしました。甲斐あって、営業成績は飛躍的に伸びました。

しかし、働く程、勝利に近づいているというよりは、単にすり減っているようにしか思えない時が多いです。結果が出れば楽しくなるかと思ったのですが、そうはなっていません。それこそ、自分に嘘をつくようです。

もっとシンプルに、自分の理想や情熱を傾けて生きたいのですが、それは贅沢なのでしょうか。そもそも、私自身が言う仕事とは何なのか、迷っています。

長くなりましたが、質問はこうです。國分先生にとって、仕事とは何ですか？　その仕事が、いわゆる飯の種と一致しない場合、どうするのがより愉しいでしょう？

そして、本当はこれだけが聞きたかったのかもしれませんが、國分先生は、自分の理想や熱意を保つために行っていることはありますか？　このまま腐っていくのは嫌なのです。以上です。小さい話で恐縮ですが、ご助言頂ければ幸いです。

A.

ご相談ありがとうございます。

確かに難しい質問なのですが、正直言うと、悩みが一般的・抽象的すぎてうまく答えられない感じがあります。

こういうことはよくあると思うのです。なんとなく仕事に不満である。このままでいいのかどうか……。かといって、別の場所に移るべきかどうかも分からない。しかしこのままだと何か自分が腐っていきそうな感覚がある……。

昔からそう思っていましたし、この人生相談を始めてこの考えの正しさを再認識しましたが、どんな悩み（問題）も一般的・抽象的である限りは解決しないのです。いかなる問題も個々の具体的状況の中にあります。そして個々の具体的状況を分析すると、必ず突破口が見えてくるのです。

しかし、悩み（問題）が一般的・抽象的である場合には、そうやって分析する情報がほとんどない。だから、Aとも言えるがBとも言えるというような対立に陥ってしまって、答えが出ない。

バンダースナッチさんの文面を読んでいると、バンダースナッチさん自身がどうもそのような一般性・抽象性の落とし穴に陥っているような気がします。仕事がおもしろく思えないために、自分が陥っている状況を具体的に分析することができなくなっているような感じです。

更には、「手を抜いてはいない」「努力もした」という自信、というよりは言い訳のようなものが働いて、よりいっそう事態を悪化させています。

悩みを聞いていると、最初は困っているような振りをしていたのに、次第に「私は頑張っているんだ」と頑《かたく》なに、それこそ自信満々に言い出す人っていますよね。あの頑なさが何よりもまずいんですね。「自分は頑張っている」というのが出発点になってしまい、それ以上考えが遡《さかのぼ》れないからです。

だいたい、頑張れば何かが解決するわけじゃない。頑張るんじゃなくて、考えることの方が必要です。そして考えるためには、情報とその分析が必要です。

たとえば、

・「異動の見込みがない」というのはどれほど信用できる情報なのか？
・バンダースナッチさんがその見込みを作り出す見込みはないのか？
・そもそも「企画職」とは、何をやるところで、何をやっているのか？
・自分は「企画職」の何たるかを十分に知っているのか？

自分が本当にそれをやりたかったのかどうかが分からなくなる、というのは、その対象についての情報と理解が欠如しているからです。

「……が勉強したいんです」とか言って大学に来るけど、入ってみたら本当にこれでよかったのか分からないってのがよくありますよね。あれも自分が勉強したいって思っているものが何なのかについてよく分かっていないから起こるのです。また、実際にいま自分が勉強していることが何なのかがまだ十分に分かっていないのに、分かった気になってそれはおもしろくないとか判断を下していることもあります。

僕の経験では、人間の気持ちとか意気込みというのは、情報が入って理解が深まると変わります。「気持ち」「意気込み」などと言うと、心の底からわき出てくるもののように思われてしまいますが、人間の心にはただ単に、これまで収集した情報が入っているだけです。別に無限の泉でも何でもないんです。

僕はそういう考えですので、仕事とかやるべきことがあったら、まずはとにかく調べますね。敢えて言えばそれが熱意を保つためにやっていることです。

たとえばいまの大学に就職した時はその大学について調べました。そしたら大学の理念がとってもいいものだったので、気に入りました（「平和と真理を希求する」ってやつなんですよ）。

いま住んでいるところについても、引っ越してきた時に調べました。そうしたら昔は水がなくて困っていた場所だと分かり、「だから田んぼがないのかぁ」とか「だから用水路があるのかぁ」とか分かっておもしろくなりました。

バンダースナッチさんの「理想」って言葉の使い方も非常に気になります。それって要するに、理想の自己イメージみたいなやつですよね。バリバリの広告マンとして働いているオレ、みたいな。

それがそもそも一般的・抽象的に過ぎるんじゃないですかね。そんな理想は絶対に実現しないんですよ。だって、一般的・抽象的なものはこの世には存在してないからです。存在しているのは、個別的・具体的なものだけなのです。

しかし若い頃はそれがよく分からないんですよね。仕方ないと思います。でも、ちょっとその「理想」って言葉の内容を考え直してみてください。人に話をしてみるのがいいと思います。

「この前、國分って奴に人生相談で、自分の理想について考え直してみろって言われたんだけど、話聞いてくれる？」みたいな感じで誰かに聞いてもらうのです。相手は当然、ズバズバ意見を言ってくる人がいいのですが、そういう人はあまりいないので、とにかく真摯に付き合ってくれる人にお願いするのがいいでしょう。

そうして話していると、だんだん自分の理想に対しての理解が深まります。すると、意外にも薄っぺらかったことが分かります。そんなもんです。薄っぺらいに決まってるんですよ。一般的で抽象的だから。一般的で抽象的なものというのは、個別的・具体的なものに比べると、情報や特徴を極限までそぎ落とされている。だから単純なんです。

あと、理想の自己イメージって、けっこう、昔見たテレビドラマとかマンガの主人公とか、そういうのに基づいて作られていることが多いんですよ。「あいつみたいになりたい」とかそんなもん。もしそれに類することが分かったら、そこから眼を背けないことですね。ちょっと話し続けるのが恥ずかしくなったりするかもしれませんが、それは乗り越えた方がいいです。

さて、もう一つの問い、僕にとって仕事とは何かということなんですが、右で答えたことの延長線上に答えはあります。

僕は自分が何の仕事をしたらいいのか分かっていませんでした。なんとなく、人にものを教える仕事がしたいとは思っていましたが、それが大学なのか高校なのか、はたまた小学校なのかも分かっていませんでした。

ただ大学の時、勉強はもっとしたいと思っていたので大学院には行きました。その結果、いまは大学の先生をやっています。ですが、高校の教員になることも考えていました。僕は教員免許を持っています。

さて、気になるのは次の箇所です。

「國分先生にとって、仕事とは何ですか？　その仕事が、いわゆる飯の種と一致しない場合、どうするのがより愉しいでしょう？」

この二文のつながり、論理的におかしいですよね？　一文目は「仕事とは何か？」という疑問文で、仕事の意味あるいは仕事の定義を尋ねているのに、次の文は「その仕事が」で始まっていて、こちらは仕事の特定の内容が問題になっている。分かりますか？

（つまり、「國分先生にとっての理想の仕事は何ですか？　その仕事が、いわゆる飯の種と一致しない場合、どうすると〔國分先生は〕愉しいですか？」などと聞くなら、整合的になります）

たぶん、バンダースナッチさんが「仕事って何ですか？」と書いた時、この疑問文はもはや疑問文ではなく、「仕事っていったい何なんだよ。なんでオレの仕事は理想の仕事とずれてるんだよ。なんでそんな仕事をしなくちゃならないんだよ」という嘆きないし愚痴の意味を持っていたのでしょう。だから、意味を聞いていたのに、話がすり替わってしまったのです。

たぶんバンダースナッチさんは、自分にとっての理想の仕事を自分で既に理解しているつもりなんですね。その上で、それが「飯の種」と一致するかどうかを気にしている。

しかし僕に言わせれば、理想の仕事なんて分からないんですよ。その証拠にバンダースナッチさんは企画職が本当にやりたかったのかどうか分からなくなると言っている。その通りです。バンダースナッチさんは企画職が何なのか、よく分かっていないんだと思います。

因《ちな》みに、敢えて「國分先生にとって、仕事とは何ですか?」に答えるとすると、それは生きるためのお金を稼ぐ行為ですね。生きるためのお金を稼ぐ行為がとても大変で、いつもおもしろい訳じゃないのはあたりまえじゃないですかね。聖書でも神様が言っています、「土に返る時までお前は額に汗を流してパンを得る」(『創世記』三章十九節)。

でも、やっぱりおもしろくする方法はあって、調べて情報を入れて理解することです。そうじゃないと一般的で抽象的な「理想」に振り回される人生になるでしょう。

参考図書

「創世記」『聖書』日本聖書協会他

25　問題のある先輩に、どのように対処すれば良いでしょうか？

相談者　ドリトスさん（東京都・28歳女性・会社員）

Q.

國分先生、こんにちは。

人生の悩みというほど大きいものではないのですが、最近仕事で、というか職場で悩んでいることがあります。

簡単に言うと、仕事のやり方にいささか問題があるのではないかと思っている先輩がいるのですが、それを自分のような後輩が指摘していいものか？　ということです。上司が言うのがベストなのはもちろんですが、今のところ上司から先輩にその点を指摘する様子は見受けられません。

上司が何か言うのを待つべきなのか、あるいは上司に働きかけて伝えてもらうべきか……。どのやり方が一番円満なのだろうか、と考えている次第です。

國分先生に聞くよりビジネス書でも読めよ、という話なのかもしれませんが、おうかがいしてみたいです。

よろしくお願いいたします。

A.

ご相談をお寄せいただきありがとうございます。

僕は大学の教員で、普段の仕事はほとんど個人プレーです。また、出版関係でいろいろな方とお仕事させていただいていますが、その場合は、やりたいことだけをやることができます。つまり、気が乗らない仕事なら受けないし、一緒に仕事をしたい人とだけ仕事をするわけです。

ですから、ドリトスさんのような悩みを持つことはあまりないのですが、やはりないわけではなくて、教員で協力してやらないといけない仕事というのもあるんですね。その場合には、ドリトスさんと似たような印象を他の人の仕事に対して持つこともあります。

まぁ僕の場合は面倒になると「ああ、僕がやりますよ」と言ってさっさと片付けるとかいう場合が多いですね。でもこういうやり方は自分一人で仕事を抱え込むことになるのでよくないです。ごくたまに本人にも言います。けれど、一番穏便なのは、上司に頼んで言ってもらうことでしょう。

この相談はより広い問題に関係しているので、話を拡大してみましょう。

誰かやどこかの機関がマズいことをしようとしていて、それを何とかして止める、あるいは違う方向に持っていこうとする場合にどうしたらいいか?

これは大変重要な問題ですね。一言で言うとそれは政治になります。

かつては「若者は怒るべきだ」という論調が強くありました。その論調の背景には、反対すべきものには断固反対してそれを止めなければならないという前提がありました。

もちろん、怒って、反対して、相手(のやろうとしていること)を押しつぶすというやり方が必要な場合もあります。

しかし、実際には、そういうやり方がどうしても必要だという場合は多くはありません。

「怒って断固反対して」というやり方をとると、相手はむしろ引けなくなってしまいます。なぜなら、この場合、方針転換することは自分の負けを認めることになってしまうからです。相手には「意固地になって引かない」と「敗北感および侮辱感を感じて引っ込む」の二つの選択肢しかなくなってしまう。

いま問題にしている広い意味での政治的な働きかけ（会社での政治、クラスでの政治、大学での政治、地域での政治、国での政治……どこでも同じです）において、目標は相手をたたきのめすことではない。相手がやろうとしていることを変えさせることであるはずです。

ところが「怒って断固反対して」のやり方では、相手をたたきのめすことが先にきてしまう。それでは目標は達成できません。相手がやろうとしていることを変更させることが二の次になってしまいます。

相手がやろうとしていることを変更させるためには、相手を満足させなければなりません。「こんな風に変更したけど、これでよかったな」とか、あるいは最低でも「こんな風に変更したけど、まぁ仕方ないか」ぐらいに思ってもらえないといけない。なぜならば、そういう風に思わせる状況や雰囲気を作らない限り、相手は自分がやろうとしていることを変更しようとはしないからです。

簡単な話です。親から「お前がやろうとしていることには絶対反対だ」とか言われると、こっちは腹が立って、むしろ何としてでもそれをやろうとしますよね。あるいは、どうしてもそうした親の圧力に屈しなければならないとすると、大変な敗北感と侮辱感を感じることになる。

しかし、親が自分の味方になってくれていると感じられたら、何か自分がやろうとしていることを変更しても、負の感情は覚えないはずです。

広い意味での政治に必要なことも同じです。相手を自分の味方にすること。そして、相手の政策変更を相手の満足のもとに引き出せるような状況と雰囲気を作っていくことです。

「怒って断固反対して」は気持ちがいいんです。大きな声が出せる。でもこのやり方をとる人は、最後のことまで考えていない。気持ちよくなって終わりです。それじゃあ相手がやろうとしていることを変更させるという目標は達成できません。

学生運動が盛んだった頃は、最後のことまで考えないで「怒って断固反対して」の態度に出るか、組織の家畜になって黙っているか（そしてどこかで愚痴るか）の二つしかありませんでした。それはどちらもダメです。それでは何も変えられません。何かを変えるためには、気持ちよくなるのでも、我慢するのでもダメなのです。

ドリトスさんが直面している問題はそれほど重大なものではなく、ドリトスさんもそれほどストレスは感じていないようです。ならば、周囲の人間に働きかける練習の場だと思って、すこし思案してみてはどうでしょうか。

断固反対して気持ちよくなるのでも、黙って我慢するのでもなく、相手に働きかけて政策を変更させる。そのためにはけっこう頭を使わないといけません。そして、それをうまくやるには訓練が必要です。

ドリトスさんも、今後はより重大な問題に直面することがあるかもしれません。その時に備えて、その先輩とうまい関係を作りながら、先輩の政策変更を導いていくことを目指してみてください。

26 色々な情熱が薄れ、気力が萎えて困っています

相談者　石原さとみは深津絵里化しているさん（東京都・31歳男性・会社員）

Q.

國分先生こんばんは。

最近、色々なものへの情熱が薄れてしまって困っています。セックス、ドラッグはもちろん、本、ゲーム、スポーツ、テレビ。今まで好きだったはずのものに全く食指が動かなくなってしまいました。ゲーム（RPG）をしているときに、ボタン押すのめんどくせえ、と思ったり、仕事に関係しない本は読まなくなってしまったり……。気分転換もできず常に鬱々、とにかく何もする気力がなく、そのせいでさらに気力が萎える。そんなサイクルをもうずいぶん続けています。

友人と会話中に話題を振られても「最近の流行りわかんないんだ……」で終了です。このままだと色々と支障をきたしそうな気がしますし、引退後のセカンドライフも心配です。

國分先生、僕はどうしたらよいでしょうか。

A.

ご相談をお寄せいただきありがとうございます。

三つお伝えしたいことがあります。

まず、僕もそういう経験があります。いろいろなことがおもしろいと感じられなくなってしまう。特に自分がそれまで熱中していたものが突然つまらなくなる。

よく覚えているのがＴＶゲームです。僕は小学生の時から、ファミコンやパソコンのゲームに並々ならぬ情熱を注いできたのですが（幼い頃は絶対にハドソンの社員になると決めていました）、確か中三の時です、世の中で話題の『ファイナルファンタジーⅡ』というゲームをやっていたのです。割とこういうゲームは得意でしたので、すらすら進んでいました。夜中でした。音を小さくして、家族が寝静まった後にやっていました。そうしたら突然、神からの啓示が降りてきました。

「このゲームはおもしろくない。いや、ゲームというものはもうおもしろくない」

驚きでした。その瞬間のことをよく覚えています。僕はセーブもせずにそのゲームを止めてしまいました。その後は全くTVゲームをやらなくなったのです（因みに、『ファイナルファンタジーⅡ』はすばらしいゲームだと思いますので、その辺りは誤解なきよう!）。

どうしてなのでしょうか？　どうしてそういうことが起こるのでしょうか？　ありきたりな答えですが、何らかの成長があるからだと思います。石原さとみは深津絵里化しているさんが挙げた事例の中で、すくなくとも、本、ゲーム、スポーツ、テレビは幼い頃から親しんでいるものですよね。三十も過ぎれば、関心が変わってきて当然ではないでしょうか。むしろこれを機に新しい関心事を探してみるのがよいと思います。僕の場合は音楽でした。ゲームを止めた頃から、音楽にどっぷり浸かっていきました。

さて、二つ目ですが、これは全くもって僕の個人的な話です。以前、上野千鶴子さんが「上野先生は最近、歴史の話をよくされてますよね」と聞かれて、「まぁ年をとったからですかね（笑）」とお答えになっていたのが強く印象に残っています。

確かに、年をとるとたんに歴史がおもしろくなってくるんですよ（笑）。僕もかつては全く歴史に関心がありませんでした。「問題なのはいまなのに……」という気持ちが先走って、歴史にまで手が伸びなかった。

それが三十を過ぎた辺りから変わりました。やはり「三十にして立つ」ということなのかもしれません。自己の見識を確立し、独立する而立《じりつ》。そこからこそ、歴史を見る目が出てくるのではないでしょうか。

歴史というのは、人間や自然の営みが積み重なった、想像もできないほどに分厚い地層のようなものです。不思議なのはその地層のことが、実はほとんど分からないということなんですね。これだけ多くの研究者が多くのことを研究してますけど、実に多くのことが分からないのです。不思議です。

僕は最近は歴史といっても、歴史以前の方に関心が出てきてしまいました。いわゆる先史時代ですね。何千年も前のことを、ほんのすこし残っている遺跡などから想像していく作業は、本当にスリリングです。まぁ、あと大河ドラマとかをきっかけにするのもいいんじゃないでしょうか。僕は今年（二〇一三年）の『八重の桜』にはまっていて、どんどん幕末のことについて詳しくなっています（笑）。

さて、三つ目はちょっとシリアスな話です。

石原さとみは深津絵里化しているさんは、さらりと「ドラッグ」って書いてますね。どういうことですか？

僕は、「薬なんかやって何考えてるんだ！」と叱りたいんじゃないんですよ。そんなことを、こういう公にされる人生相談に書き留める、石原さとみは深津絵里化しているさんの微妙な自己顕示欲が気になるんです。

だって、「やっちゃいけないことは分かっているが、俺は好きだからやってる」という人だったら、こんなところに書きませんよね。つまり、石原さとみは深津絵里化しているさんは、「俺はドラッグもちょっとやってたんだけどさぁ」って自己主張したいわけです。

正直言って、この相談を口頭で目の前でされたら、辟易しますよね。「何それ、俺はその「ドラッグ」ってところに反応しなけりゃいけないの？　はぁ（笑）」ってなりますよ。

ちょっといけないことをやっていたのをカッコイイと思われたいのか、それとも、そんなことまでやるぐらいの〝何か〟があったのだと心配されたいのか……。まぁ、両方でしょうね。

自己顕示欲というのはみんなに見てもらいたいという気持ちのことで、みんなに見てもらいたいのは誰かに気にかけてもらいたいという気持ちが強いからであり、誰かに気にかけてもらいたいという気持ちが強いのは心に強い不満を抱えているからです。

しかも、僕なんかに「ドラッグもちょっとやってたんだけどさ」という形で示すことで埋め合わせられるのだとしたら、その不満は、ものすごく小さく、且つ、ものすごいひずみであるように思われます。

石原さとみは深津絵里化しているさんの心にどうしてそういうひずみが出ているのかは全く分かりません。しかし、それはいつか自分のことをよく知る誰かと話し合って、意識化した方がいいのではないかと思います。

しかも気になるのは、「何もする気力がなく」と書いてあるところです。こういう自己顕示欲の持ち主は、自己顕示欲の発動の激しさゆえに力尽きて、しばしば落ち込むんです。したがって多くの場合、激しい自己主張と激しい落ち込みを繰り返します。石原さとみは深津絵里化しているさんの場合ももしかしたらそれかもしれません。つまり、いまは落ち込みの時期に来ているのかもしれません。

すると単に関心事を見つけることよりも、激しい自己主張と激しい落ち込みを繰り返すこのサーキットの外に出ることを考えないといけません。そのためには、やはり、石原さとみは深津絵里化しているさんのことをよく知る人といろいろ自分のことについて話をしてみることが必要です。

でないと、最悪の場合には、「鬱々」ではすまなくなります。

ドラッグの件は僕の勘違いであることを祈っていますが、もし当たってるならすこし考えてみてください。そして誰かと話をしてください。いいですね。誰かと話をするのです。人間は一人でものを考えていると、大抵、碌《ろく》でもないことになります。

27　母親と、母親の夫との距離感がつかめません

相談者　毛皮さん（神奈川県・21歳女性・大学生）

Q.

私は小学一年生の時、両親の離婚を経験しました。その後しばらくの間、いやずいぶん長い間、私は母親と二人で暮らしていました。いわゆる母子家庭です。

しかし、私が高校二年生の時、母親は事実婚という形式ではありますが再婚しました。以来四年が経っています。ですが、四年経ってもまだ私にはそこはかとない違和感があります。一番大きな違和感は、母親が「女」としての顔を見せることでした。今までも母親の彼氏の話や愚痴、恋愛相談などを聞いてはきましたが、実際に私と同じ空間に母親の好きな異性がいるという状況には見舞われたことがなかったので、驚きの連続でした。母親はその新しい夫に甘え、時に赤ちゃん言葉のような言い回しで話し、出がけには必ずキスをしていました。新婚夫婦にとっては当然のこと（？）なのかもしれませんが、今までほとんど母親の

「母」としての姿しか見てこなかった私には衝撃的でした。

また、母親と私と二人で暮らしていた頃は母親は私のものといった感じで、私と二人単位でよく行動するようになりました。それが母親の新しい夫が来てからは、母親は彼と二人単位で行動することが増えました。その理由を母親は「子離れしないといけないと思ったから」だと言っていました。確かにそうなのかもしれません。私も母子家庭の時の状態から脱して親離れすべきなのでしょう。しかし突然そのように関係性を変えられてしまい、母親は彼色に染められてしまい（母親は恋愛依存体質なのでその時付き合っている相手に合わせて趣味嗜好や生活のモードがかなり大きく変化します）、私は大きな喪失感を味わいました。「今まで私が見てきた母親はどこに行ってしまったの？」という感じでした。

母親の新しい夫ともどんな距離感で付き合っていけばよいのか、いまだに摑めません。事実婚ということもあり、義父ともなかなか思えず、母親にも再婚当初「私の旦那ではあるけどあなたのお父さんと思う必要はないわよ」と言われました。しかし母親の新しい夫は時に私のことを「親として」叱ったり諭したりしようとします。私はそれを素直に受け入れることができません。

今後もこの三人での共同生活は続くと思われます。私は母親と、また母親の新しい夫と、どのような距離感で、どのような関係性を築くべきなのでしょうか？　アドバイスをいただけたら嬉しいです。

A.

ご相談ありがとうございます。

大変当惑なさっていると思います。いまの生活に入って四年ということは、高校生半ば頃に「母親の彼氏」が家に来たということですね。相談文を読みながら、毛皮さんは大変しっかりした方だと思いました。高校生でもこの状態に対応するのは非常に難しかっただろうと思います。もっと幼い頃だったら、毛皮さんは非常につらい思いをされたかもしれません。

まず僕がお伝えしたいのは、もしいまの状態がつらく、耐えきれないということなら、それをお母さんに伝えること、そして、お母さんとお母さんの彼氏との関係について、はっきりと訊《たず》ねてみることです。

お二人は事実婚とのことです。なぜ事実婚なのでしょうか？　世の中には主義主張で事実婚状態を維持している人も多くいますが、毛皮さんのお母さんの場合はそうではなさそうです。かつて結婚していたわけですからね。

そのことについて二人から明確な説明はありましたか？　お母さんと毛皮さんが二人で暮らしているところに新しい人物が入ってくるというのは劇的なことです。これを毛皮さんが受け止めるには相当な時間と労力が必要になります。当然、親であるお母さんはそのことに最大限に配慮すべきですし、もしお母さんが毛皮さんに「この人をしっかり受け止めて認めて欲しい」と思うならば、毛皮さんがそうできるようにお母さんはそれなりの努力をしなければなりません。また、事実婚状態をどうしても続けたいのであれば、そのことの理由も説明すべきです。

しかし、僕にはとてもお母さんがそうした努力をしているようには見えません。「私の旦那ではあるけどあなたのお父さんと思う必要はないわよ」などという言葉をどうして受け入れられるでしょうか。「私と一緒に暮らしてきたお母さんはどこに行ってしまったの？」という毛皮さんの気持ちは相当なものだったでしょう。そのことは、誰かにきちんと訴えていいのですよ。友人に向かってでも、恋人に向かってでも、もし泣きたいなら泣きながら、はっきり訴えていいのですよ。

もちろん、それをお母さんに訴え、お母さんがそれをきちんと受け止めてくれるというのが理想です。けれども、なかなか難しいかもしれません。僕は毛皮さんの相談文を数行読んですぐに「依存症体質」という言葉が頭の中に出てきました。そうしたら本当にそのことが相談文の中に書いてありましたので、なるほどと思いました。

「母親は恋愛依存体質なのでその時付き合っている相手に合わせて趣味嗜好や生活の

モードがかなり大きく変化します」

とありますね。ということは、おそらく離婚後、付き合っている男性はいたのでしょう。毛皮さんにここまではっきり見透かされているということは、恋人に依存し、振り回されるということが非常にはっきりと振る舞いに表れるタイプなのだと思います。こういうことはしばしば起こりますが、その際に犠牲になるのはいつも子どもです。

毛皮さんは分かって書いていると思いますが、

「子離れしないといけないと思ったから」

という言葉はウソですよね。子どもを気にかけなくなってしまったことを指摘されて、後から作った言い訳です。お母さんがこういう言い訳をする人物だとすると、毛皮さんが心から訴えかけた時もはたしてきちんとそれを受け止めてくれるかどうか。

僕はやや疑問に思いました。

また、自分の親との関係をはっきりさせていない人物から「親として」叱られても、素直に受け入れられないのは当たり前のことです。

毛皮さんは物事を客観的に見つめる鋭い知性を持っていらっしゃると思います。そして、つらい気持ちがあっても、お母さんを支える温かい心も持っている。

ですが、あまり、しっかり者であるというのはよくないのです。「自分はこれまで頑張ってきたんだから」という気持ちが出てきて、毛皮さん自身が依存症を受け継いでしまう可能性があるからです。

「ダメだ、つらい」と思ったら、放棄することです。いいですか、絶対に頑張りすぎてはいけません。ここは僕が今回いちばん強調したいところです。

では放棄するとはどういうことでしょうか。親との関係というのは絶対ではありません。親と縁を切っている人はたくさんいます。別に「親と縁を切れ」などとは言いません。毛皮さんにとっては、一人で自分を育ててくれた大切なお母さんでしょう。ですが、そういった可能性を考えておいてもいいのです。それだけで気持ちが全然違いますし、相手に向かう態度も変わります。

そうすると、二人に対する態度を毛皮さんの方で曖昧にし、テキトーに振る舞うという可能性も出てくるでしょう。それはそれでありです。あまり言いたくはありませんが、お母さんとその人がいつまで一緒にいるかは分かりませんので、それなりに受け流しておくことも必要かと思います。

毛皮さんは就職などをして仕事を始めて独り立ちする日が近づいているかと思います。自分の知性と優しい心を仕事でよい方向に向けてください。そして、決して頑張りすぎないように、しっかりしすぎないようにしてください。いまのお母さんとお母さんの彼氏を受け入れられなくても、それは毛皮さんのせいではありません。

28 相談というのは、どうやってすれば良いのでしょうか?

相談者　サシヒャライネンさん（栃木県・29歳男性・フリーター）

Q.

國分先生はじめまして。

いつも楽しんで（楽しんで良い物なのか難しいものも多々有りましたが）読ませて頂いていた人生相談が終了してしまうということで、自分もなにか相談しようと思い筆をとりました。そして「さて、何を相談しようか」と考えた所で気付いたのですが、どうも自分には大小問わず人に持ちかけるような相談事が無いようなのです。

それで思い当たったのですが、自分はどうやら人に何かを相談するという事がこれまでの人生で殆ど無かったのでした。両親が幼い頃に離婚して女性家系である母方に引き取られ身近に相談できる同性の年長者がいなかった事や、完全に文化系な自分に対して家族の殆どが体育会系である事、根がいい加減でふざけた性格であるらしく重い空気が苦手な事など、いくつかの理由が重なっていると思います。

そして極めつけがうちの家系はどういう訳か絶対に間違いを認めない血筋であるらしく、何か自分が意見を言うと「アンタは間違ってる」と碌な説明も無いまま切り捨てられてしまうという事が多々あり、酷い時は明らかに相手が間違っていても自分の意見が容《い》れられる事はなく、いつの間にか家族に対し何かを言うことが億劫になってしまった事です。

勿論、自分の意見が絶対に正しいなどとは思いません。家族の言い分も何割かは理解出来る事が多いのですが、自分にも何割かは理があるだろう、とそう感じるのですが、彼女たちは百対〇で自分たちが正しいと言わんばかりの勢いです。そんな訳で、学生の頃から大体の悩み事は自分でひたすら考える以外の対策を取ったことがありません（家族にさえ理解を得られないのに、ましてや他人では……という諦念が学生の頃は特に強くありました。今も少し残っています）。

それで大体の場合はなんとなくの結論が出ましたし、そこにきて元々考えるのが好きだった性格もあり、そうした事は苦にならなかったのですが、それでも時折、誰かの言葉が欲しくなります。

しかし他人どころか家族にも相談を持ちかけた事がないので、その時々の悩みに関して適切な距離感での相談が出来る相手やその作法が解らないのです。

また、そうして適切な距離感や作法をあれこれ考えてる内に、外堀が埋まるような形で悩みに対する答えが出てしまうこともあり（この程度の相手にこう相談を持ちかけたい、と考えたということは自分はこう思っているのだろう、という様に）、ますます他人に相談する事が無くなってしまいます。

なんでも一人でやってしまう、考えてしまうというのが良くないことは重々解っていて、ガス抜き程度の愚痴はよく友人にこぼしますし、時には冗談の形で本音を出したりもしてみますが、やはり余りにシリアスな空気での相談事というのができません。結局はトライ＆エラーで適切なやり様を見つけるしか無いのでしょうが、これまで約三十年間これでなんとかやれてしまった自負が邪魔をして、失敗して今上手くいっている関係が壊れてしまうリスクを負う踏ん切りがつきません。今の友人や職場はとても好きで、壊したくないのです。

果たしてこのままで良いのでしょうか？　それともやはり、関係が崩れるリスクを負ってもトライ＆エラーに踏み切るべきでしょうか？

相談というより殆ど愚痴のような内容になってしまい恐縮ですが、お答えいただければ幸いです。

A.

ご相談をお寄せいただきありがとうございます。

サシヒャライネンさんに僕は非常に強い共感を抱きました。なぜなら僕も「人に何かを相談するという事がこれまでの人生で殆ど無かった」からです。誰かに相談するという環境もなかった。他人に理解を得られるはずがないだろうと諦めていた。よく分かります。

しかも自分で考えればだいたい問題は解決してしまう。「外堀が埋まるような形で悩みに対する答えが出てしまう」とはなかなか面白い表現ですね。なるほどと思いました。

ただ、いまサシヒャライネンさんはそれなりに他人の言葉が欲しいという気持ちを感じている。また、なんでも一人でやってしまったり考えてしまったりするのは良くないことだとも思っている。この辺りがとても大切ですね。

さて、僕はちょっと前にこんなことを知りました――つらいことがあった時、あるいは何か苦しい思いを抱えている時、それを人に話すと楽になるというのです。サシヒャライネンさんは知ってましたか？　最近はよく学生にも「知ってる？　つらいことって人に話すと楽になるんだよ」って言ってます（笑）。なんか笑っちゃうような話です。だって、多くの人はそんなことは世間知として知っている。それをアラフォーの男がやっと知り、しかもその効能を実感する、と。でも、意外とこのことを知らない人は多いのではないでしょうか？　そして、サシヒャライネンさんや私のように、誰かに相談するということを実践してきていないがために、つらいことを誰かに話したいけれどもその「作法」が分からない……そんな人も多いのではないでしょうか？

大切なのは、口に出すということなんです。これはどういうことかというと、「口に出す」というのは、観念を、口の辺りの機構を使って空気の振動にすることですね。つまり、観念を物質化することです。で、「物質化する」とはどういうことかというと、僕の中から何かが外に出て行くということなんです。

泪《なみだ》を流すとものすごくすっきりします。泪も物質で、これが体内から外に出ていく。言葉にするというのも同じような感じなのです。観念を物質化する――なんとなくそんな感じだと思ってください。

ただ、その実践が困難な場合があります。観念がうまく物質化できないことがあるのです。いくつかのパターンが考えられると思います。言い方が分からない。言いたくない。そもそもそれが何なのか分からない……等々。

どれも大変重要なのですが、僕自身の体験に即して言うと、「そういうことは口にしてはいけないのだ、そもそも考えてもいけないのだ」という正体不明の強迫観念が観念の物質化を阻止する場合があって、これが最も厄介です。この場合、強迫観念を取り除くところから始めないといけないからです。僕はこれに大変苦労しました。

しかしそれが、すこしずつですが取り除けるようになっていったのは、やはり誰かと話すことによってでした。たぶん、観念を物質化すると、それがボールのように相手に飛んでいくのです。もちろん相手によって、飛んできたものの扱いは異なります。けれども、この人に聞いてもらいたいと思っていると、意外と、ナイスキャッチしてくれるものです。

もちろん、ナイスキャッチした相手がとんでもない暴投をしてくることもあり得ます。で、暴投しているのに自分はうまく投げ返していると思い込んでいる場合もある。でも、むしろそういうのはチャンスなんですね。たとえば、自分はそんな遠いところにはいないので、遠くに投げられてもキャッチできないんだと相手に返すことができますよね。

サシヒャライネンさんは、誰かの言葉が欲しくなる時があると書いてますね。たぶん、そういう方向から考えない方がいいです。サシヒャライネンさんが感じているのは、観念の物質化をあまりにも実践してきていないがために訪れた寂しさです。だから、それはそれとして認めた上で、別方向から考えてみましょう。つまり、「これは観念の物質化である」と思いながら相手に言葉を投げてみるということですね。「相談する」って考えるとダメです。これは僕にはよく分かるんですが、相談したことないんだから、「誰かに相談してみよう」とか思ってもダメなんです。だから、「観念の物質化」とか「物質化した観念の体外放出」などと考えてみるのです。つまり、自分の身体に起こる化学変化のようなものとして考えるのです。

相談の際には相手のことなど考えなくていいということではないのですが、「誰かに相談してみよう」という考え方は、たぶん、サシヒャライネンさんや僕みたいな人間には難しいです。だからそれなりの配慮をした上で、「ちょっと観念を物質化してみようかな……」って考えるんです。

それに、サシヒャライネンさんは相当冷静に自分を分析できているので、そういうことを誰かの前で実践してみても、人間関係が壊れるようなことはないと思います。だから、たとえば試しに、「自分の家族は本当に自分の話を聞かなかったんだよね。僕の家族は自分が一〇〇％正しいと思っている、そういう連中でほとんど話なんかできないんだ」と何かの折りに誰かに言ってみたらどうですかね。

サシヒャライネンさんはたぶんこれまで家族に対する自分の不満を誰かに語ったことはないだろうと思います（もしそういう経験があるのだったら、別のトピックを選んでみてください）。だから、その不満を誰かの前で話してみれば、誰にも打ち明けたことのない話を打ち明けると心にどういう変化が訪れるのかを体験してみることができるでしょう。そうしたら、どうやって他人に話をしていったらいいのかがすこしずつ分かっていくんじゃないかと思います。

すこしだけ話を展開しておきます。医学書院から『**当事者研究の研究**』という本が出版されました。「当事者研究」というのは、精神障害や精神疾患を抱える当事者が自分の体験を複数の聴き手と共に語り合いながら、自分自身の中——心の中、身体の中——で起こっていることを研究するという、回復のためのメソッドです。これは北海道の浦河《うらかわ》にある「べてるの家」というところで始まったものなのですが、いま大変注目されています。

精神障害や精神疾患の当事者は、いつも医学や医者から説明される側にいた。そうじゃなくて、自分たちで自分たちの中で起こっていることを研究して、解明していこうというのが当事者研究のおもしろいところなんです。

説明すると長くなってしまうので、ぜひこの本に収録されている綾屋紗月《あややさつき》さんの「当事者研究と自己感」、熊谷《くまがや》晋一郎さんの「痛みから始める当事者研究」を読んでみてください。

僕は熊谷さんと対談したことがあるんですが、熊谷さんは「なぜ分かち合いをすると楽になるのか？」を哲学的に考えようとされていました（因みに熊谷さんは小児科医）。というのも、誰かに話を聞いてもらうと気持ちが楽になるのはなぜなのか、哲学的には全く未解明だからです。

これは非常に興味深い問題で、僕もいまそれを考えているところなんですが、不思議ですよね。世間知として多くの人が知っていることを、哲学はまだ解明していないのですよ。

サシヒャライネンさんは今回、自分はこれまで相談というものをしたことがない、相談の「作法」を知らないという認識に到達したわけですね。ですから、これをいいきっかけにして更に突き進み、「当事者研究」を参考にしながら、「そもそも相談するとは何か？」まで考えてみたらいいのではないかというわけです。どうですか？

学問的にものを考えることは、相談と同じくらい人に解放感を与えます（そうじゃない学問など学問ではない）。物事を客観的に観察できるからでしょうかね。相談と並んで、学問する、勉強するというのもお勧めですのでぜひ実践してみてください。
　最後になりますが、サシヒャライネンさんは相談したことはなかったわけですが、相談されたことはありましたか？　僕は相談をしたことがほとんどなかっただけでなく、相談をもちかけられたこともほとんどありませんでした。中学時代からの親友がよく女の子から相談を受けていて、うらやましかったです（笑）。大学生の時には「國分君に相談すると解決されてしまうからダメだ」というようなことを言われました（泣）。そんな人間がなぜいま人生相談をやっているのか……。うーん、メルマガだからちょうどいいのかなぁ。

参考図書

石原孝二編『当事者研究の研究』医学書院、二〇一三年

29 悲観的な夫に腹が立ってしまいます

相談者　くるみさん（三重県・53歳女性・教育関係）

Q.

名古屋アウトプット勉強会の『暇と退屈の倫理学』の読書会で先生にお会いして以来のファンです。

先月初めに夫が二度目の脳梗塞になりました。職場復帰もしましたが、思うように仕事ができず、他の人が残業ばかりしていて疲れている、自分を見る目が冷たいと、気にしています。今日は配置換えを頼んでくると言って出社しました。「無理」「できない」が口癖のようになっています。

リハビリを続けていたら、今より良くなるからといくら言っても悲観的なことばかり考えます。私自身はプラス志向なので、否定的な態度を見ると腹が立って腹が立って……。

どういう風に接していけばいいのか悩んでいます。彼の考え方を変えるように働きかけたほうがいいのでしょうか。私自身の受け止め方を変えたほうがいいのでしょうか。

A.

ご相談をお寄せいただきありがとうございます。

まずは大変常識的なアドヴァイスになってしまうと思うのですが、二度の脳梗塞でご主人は精神的に相当まいっているように想像できます。「無理」「できない」が口癖になるというのは仕方のないことです。ご主人の気持ちになって理解を示すことが大切ではないかと思います。

何か大きな怪我をしたり大きな病気にかかったりすると、そのことを考えるために多大なエネルギーを使わねばなりません。人間の精神エネルギーには一定の量があり、どこかが大量にエネルギーを消費すると、他の部分には多くのエネルギーを使うことはできなくなります。

精神の様々な部分にエネルギーを使える状態にある人は、たとえ目の前の状況が絶望的で、悲観せざるを得ないように思われても、その状況から抜け出すための可能性を探すことにエネルギーを使えます。したがって、悲観的にはならないでしょう。

しかし、新しい可能性を探し当てるためのエネルギーが精神の中に残っていなければ、そのようなことはできません。これはやる気の問題ではない。「やる気」そのものが、精神の中の限られたエネルギー資源に依存しているからです。

家計をやりくりするように、精神も精神エネルギーをやりくりしています。これはフロイトが言っていたことをやや通俗化してお話ししているのですが、大変重要な考え方であると思います。

ご主人の精神エネルギーが、おそらくは、これからの人生に対する不安によって大量に消費されていることを理解してあげてください。残ったエネルギーだけで新しい可能性を探ることはとても難しいのが現状なのでしょう。

さて、もう一つはいまではなくて、これまでのことについてです。ご主人とくるみさんのこれまでの関係、あるいは、これまでのくるみさんのご主人に対する接し方をすこし思い起こして考えてみてください。

くるみさんはご自身のことを「プラス志向」とおっしゃっています。プラス志向はなぜ可能になるのでしょうか？　そして、プラス志向の人はなぜ悲観的な人を見ると腹が立つのでしょうか？

プラス志向は様々なことを考えずに済ますことによって可能になります。世の中に確実なことがありえない以上、何ごともよい方向で考えるプラス志向というのは信仰でしかありえません。そして、現実に起こる様々な事柄は、この信仰を揺るがすものです。当たり前です。物事は悪い方向に向かうこともあるからです。

それにもかかわらずプラス志向を維持するには、悪い方向に向かっている物事から目をそらさねばなりません。そうやって目をそらしてはじめて、何ごとをもよい方向に進んでいると考えるプラス志向が可能になる。つまり、多くの事柄を考えないことによってこそ、人はプラス志向でいられる。

しかし、ものを見ないということにもエネルギーが必要です。目に入ってしまうことを無理矢理に押しつぶして抑圧しなければならないからです。抑圧には大変なエネルギーが必要とされるというのもフロイトが言っていたことです。

したがって次のような結論が導き出されます。プラス志向の人は、そもそもたくさんの事柄を考えないで済ましており、また、たくさんの事柄を考えないで済ますために多大なエネルギーを必要としているから、考えられる事柄が限定されている。ということは、プラス志向の人はあまりものを考えていないということになります。

なんでそこまでしてプラス志向を維持するのか？　それは人それぞれでしょう。たとえば、そこまで無理をしなければ、自分にとって不利な環境では頑張って仕事をしてこれなかったとか、いろいろな理由が考えられます。いずれにせよ、そうしたプラス志向を維持することで、その人は多くのことを考えずに済ませている。おそらく、周囲の人間のことを考えることに使われるエネルギーはわずかでしょう。

さて、そうやって無理をしていると、無理していることがつらいものですから、頑張らない人間がいることに苛立ちを覚え始めます。「なぜお前は弱音を吐くのか。俺なんてこんなにまで無理して頑張っている。プラス志向を維持している」という気持ちになるのです。

もしかしたら、その弱音を吐いている人は、弱音を聞いてもらいたいだけかもしれない。しかし、無理してプラス志向を維持している人間は、そのことにまで考えが及ばない。無理することに多大なエネルギーを使っているからです。すると、どうしても弱音を吐く人の気持ちが想像できない。

人間というのはそんなに変わらないように思います。病気で悲観的になっているご主人には、もともと愚痴や弱音をよく口にするということはありませんでしたか？もしかしたらご主人はずっとくるみさんに愚痴や弱音を聞いてもらいたかったかもしれません。ため込んでいたものがいま病気をきっかけに出てきているのかもしれません。もちろん、これは僕の完全な想像です。ですが、愚痴や弱音を聞いてあげてください。ご主人はそれだけで随分楽になるのではないかと思います。

そして、くるみさんも、ご主人に愚痴や弱音を聞いてもらってよいのですよ。

つらい時に助け合うために一緒にいるのです。

30　勝手に悪人のレッテルを貼られて困っています

相談者　イッセイのパパさん（東京都・31歳男性・会社員）

Q.

勝手に悪人のレッテルを貼られて困っています。

ぼくは口下手なのかも知れませんが、基本お喋りで思ったことをズバズバ言うタイプです。そのためなのかも知れませんが、プライベートでも仕事でも、言ってないことを言った、やってないことをやった、思ってもいないことを思ってるなど、悪いイメージを持たれています。

そのために、ことあるごとに無実の罪を証明するための弁解をする機会が非常に多く、弁解することにいいかげん疲れてしまいました。

家内や友人に相談すると、口調や声のトーンや表情が強く感じて怖く高圧的に感じると言われましたが、どうにもなかなか直すのが難しいです。

何かアドバイスをお願いします。

A.

相談をお寄せいただきありがとうございます。

正直申しますと、全然状況がつかめません。「悪人」というのは非常に強い言葉で、その人間の性質が本質的にゆがんでいるというニュアンスがあります。だから普通「お前は悪人だ」とは言いません。イッセイのパパさんも「お前は悪人だ」と言われたことはないんですよね？　だから「悪人のレッテルを貼られて」というのはよく分からないんです。

ご相談の内容を簡潔にまとめると、自分が思っていることと周囲からの反応にズレがあるってことですよね？

イッセイのパパさんは文面から察するにガーガーしゃべる感じです。だから、「周囲からそんな風に思われるぐらいで、本当に悩んでるのかなぁ」って思ってしまうんです。どうなんでしょうか。

ただ僕なりに推測すると、イッセイのパパさんは単に独りよがりなだけじゃないですかね。

「無実の罪」というところに引っかかります。「罪」というのも「悪人」同様に非常に強い意味を持つ言葉です。でも、イッセイのパパさんのケースというのは自分では「言ってない」と思ってることを、周りから「あなた、そう言ったじゃない！」って言われるとか、そういうことですよね。もちろん、それが重大な帰結を招くこともあるでしょうが、それを「罪」を着せられたとまで言えるのか。

また、「無実」というのも非常に強い意味の言葉です。「実」が「無い」んですから、本当に事実無根。冤罪だということです。周囲が「あなた、そう言ったじゃない！」と言ってくる事態について、自分は本当に一言もそんなことは言っていないと強い自信を持てるというのはどういうことでしょうか？　誰でも思いつきますけど、イッセイのパパさんがそれらしいことを言って、周囲からはちょっと違う意味で受け取られたとか、自分で忘れてるとか、そんな程度のことじゃないですか？

それなのに「無実の罪」だとか「自分は悪人に仕立て上げられている」とか、そんな風に思うことの方が問題です。だって、イッセイのパパさんは、「自分が何かをやってしまったのかもしれない」という反省的自己意識をほとんど持ち合わせていないということになるからです。それが「独りよがり」なんじゃないかと言ったことの意味です。

家庭内だと「あなた、そう言ったじゃない！」「そんなこと言ってない！」とかってやり取り、本当に多いですよね。でも、その時に「自分は絶対に言ってないんだ。無実なんだ。これは冤罪だ。俺は周囲から悪人に仕立て上げられている」なんて思っちゃだめなんですよ。そう思われるということはそれらしいことをしているのです。

黒澤明の映画『羅生門』じゃないですけど、確かに事実の解釈というのはいろいろあり得ます。でも、周囲が全部間違った解釈をしていて、イッセイのパパさんだけが正確な解釈をしているなんてことあり得ませんよね？

つまり、周囲から「お前がやったんじゃないか」「あなた、そう言ったじゃない！」とそんなに言われるということは、「自分は間違っているかもしれない」という反省的自己意識が相当に欠けているということです。それが欠けていて、いつも自分がやったこと、言ったことを否定するものだから、周囲は「またかよ。お前が言ったんじゃないか」って反応をしてしまうんです。

どうやら周囲の反応はテンプレート化しているようですので、これを覆していくのはちょっと大変かもしれません。

ペンネームから察するにお子さんがいらっしゃるようですね。まだお子さんは小さいのかもしれませんが、大きくなると大人の自分を疑わない態度に相当反抗するようになると思いますよ。

多くの場合、大人は疑わずに社会を眺め、子どもは疑いを持って社会を眺めます。自分をほとんど疑わない大人は、疑う子どものことが全く理解できませんので、子どもの疑いを押しつぶすことがあります。それは最悪です。子どもが反発してくるならいいのですが、反発してこない場合にはとてもよくないことが起こります。

まぁ、『羅生門』を見てみるといいのではないでしょうか。

31 先が見えず不安です。自信を持つにはどうしたら良いでしょうか？

相談者　mocavanillaさん（東京都・41歳女性・会社員）

Q.

いつも國分先生ならではの視点、切り口からのご回答に感嘆しております。

毎週楽しみにしていたこの連載も終わってしまうとのことで、思い切って相談させて下さい。

つい先日、離婚をした41歳の女です。SEをやっております。十年連れ添いましたが、相方が結婚三年目でうつを発症し、休職と復職を繰り返すようになりました。たまに大喧嘩をしつつも、どうしても元気だった頃の楽しい記憶から、いつかまたよくなると、今思うと楽観的にごまかして過ごしてしまった気がします。

転機としては、自分の仕事の負荷が増え、周囲ともうまくやれなくなり、私もうつで休職してしまったことに発します。元々心身が強くないこともあり、自分のことで精一杯のため、この先、うつの彼の人生までを背負っていく自信がなくなってしまったのです。偽善っぽいですが、ぶっちゃけますと、彼の具合は悪くなる一方で、もう働けるようになる自信がないと言われ、私が養うから大丈夫！ とは答えてあげられなかったのです。

私はその後復職し、体調の浮き沈みはあるものの、なんとか続けています。

ただ、休職により評価を落としてしまっている自分は、自分自身先が見えず、正直不安です。離婚してから二ヵ月がたちますが、彼とは連絡をとっていません。

劇的に回復してる姿とか、私に関する手紙とか写真は処分した話とか、元気になってまた恋をしたいとかの発言を目にしては、なんとも寂しいような、ムカつくような、複雑な気持ちになり凹《へこ》みます。

長々と失礼しましたが、ご相談というか、ご意見を伺いたいのは、「私は病気の家族を見捨てた薄情な人間だ」と、先生から見ても思われますか。

どうしても自己評価が低く、自信が持てないのですが、自信を持つための心掛けなどありましたら、ご教示下さい。

独り身でも前向きに生きていくために、これが大事というようなものがありましたら、お聞かせ下さい。支離滅裂な文章で恐れ入りますが、叱咤いただいて構いませんので、よろしくお願いします。

A.

ご相談をお寄せいただきありがとうございます。

何よりもまずお伝えしておきたいのは、mocavanillaさんが前の旦那さんと離婚したことには何らの道義的な問題もないということです。

誰かにそう言われたのでしょうか？　病気の家族を見捨てた薄情な人間だなんて全然思いませんし、そんな風に思う人がいるんでしょうか？

「私が養うから大丈夫！」というのは本当に重い言葉です。mocavanillaさんは責任を感じているのでしょう。けれど、それが言えなかったから自分はひどい人間だなどと思ってはいけません。

たぶん、誰よりもmocavanillaさんを責めているのはmocavanillaさんご自身ですね。その背景には「ひとたび婚姻関係を結んだのならば、すべての責任を引き受けねばならない」とmocavanillaさんが強く思い込んでいることにあるように思えます。

しかし、婚姻関係は契約に過ぎません。その内容は当事者が決めればいいことです。

おそらくmocavanillaさんは、婚姻関係に限らず、いろいろな物事や人間関係について、「これはこうでなければならない」という強い思い込みを抱いているのではないでしょうか。仕事の仕方、友人との付き合い方、配偶者との関係、どんなことについても「こうでなければならない」なんてことはありません。

もちろん、そう思い込んでいるものをほぐしていくのは大変です。しかし、自分にそういうところがないかすこし考えてみてください。たぶん「自己評価が低い」というのもそのせいでしょう。「自分はこうでなければならない」と思っていたら、自己評価は低くなるに決まっています。

その問題と関係しているのですが、僕がとても気になったのは「独り身」という言葉、そして、mocavanillaさんがまだ彼に対して思いを寄せているという点です。

自分は離婚した、だからもう一人なんだとそう思っているわけですよね。また、「離婚したからもう彼とは連絡をとらないんだ」と決め込んでいるから、「離婚してから二カ月がたちますが、彼とは連絡をとっていません」と書いているわけですよね。

もし彼のことが気になるなら連絡をとってみればいいのではないでしょうか。ちょっと不思議なんですが、mocavanillaさんは連絡はとっていないのに、彼についての情報を豊富にお持ちである（回復したとか、手紙や写真は捨てたとか……）。おそらくFacebookで見てるとかそういうことなんだと思いますが、それってやはりすごく気になっているということですよね。しかも、自分には責任があった、彼を助けねばならなかったといまも思っている。

結婚しているなら全部面倒みる責任があるとか、別れた相手と連絡とるのはおかしいとか、離婚したから自分はたった一人であるとか、そんな風に考えなくてもいいじゃないですか。離婚したけどなんか気になるから会ってしまった、それはそれでいいじゃないですか。

僕は別に男女関係はだらしなくてもいいとかそういうことがいいたいんじゃないんです。mocavanillaさんの気持ちを抑えつけているものが、たんなる思い込みなら、とりあえずそれは取り去って動いてみればいいんじゃないかということなんです。

もちろん、連絡をとってみたら彼から拒否されたってこともあり得ますよね。でも、それならそれでいいじゃないですか。「ああ、「私が養わなければ……」なんて思ってたけど、彼はそんなことは思ってなかったんだ」と気がつくことになるかもしれません。あるいは、もっと気楽に会えるかもしれない。別に、よりを戻すとか、やり直すとか、そういうことは考えなくていいんですよ。

一つ紹介したいお話があります。

宇野常寛さんの**『ゼロ年代の想像力』**に出てくるテレビドラマの話です。この原稿を書きながら思い出したのが、この本の最後に出てくる話でした。宇野さんが「予感めいたもの」と書いている話、第十六章に出てくる『ラスト・フレンズ』というドラマの話です。

僕はこのドラマ、観たことがありません。ですが、この本の中で実は一番心に残ったのはこのドラマの話であり、このドラマについての宇野さんの言葉でした。

ちょっと説明すると、シェアハウスに暮らす三人が話の中心だそうです。ヒロインの美知留が思いを寄せる青年タケルは性的不能者で美知留の想いに応えられない。そのタケルが想いを寄せる瑠可は性同一性障害を持っていて彼に応えられない。瑠可が同性愛感情を抱く美知留は異性愛者で瑠可の想いは届かない。そんな淡い三角関係の話が描かれる。誰も誰かとペアにならない。でも、その「灰色のあいまいな、でもゆるやかな関係」がこのドラマでは「めいっぱい肯定」されていると宇野さんは書いています。

僕が関心を持ち、また感動したのは、この本で読んだドラマの結末でした。美知留は、独占欲を丸出しにして自分に暴力をふるったかつての恋人の子を胎内に宿している。そしてその彼は自分の暴力を悔いて自殺してしまう。その時、美知留に瑠可とタケルが手をさしのべる。「三人で一緒に、この子を育てよう」、と。

テレビドラマだからできた安易な結末なのかもしれない。「そんな三人で子育てなんでできるわけないだろう」「子育てを甘く見ているのではないか」など、様々な声が聞こえてきそうです。でも、僕は単純に感動しました。ドラマを観ていないのに、この記述を読んで感動しました。

それはなぜかというと、「子育てはこうでなければならない」とかそういう思い込み抜きで、その三人が、目の前で起こったことに対して素直に応答しようとしているからだと思います。後先を考えないというのではなくて、三人が、目の前の出来事に対し、自分のありのままの気持ちで応えていると思ったからです（ドラマを観ていないのにこんなことを言うのは変かもしれませんが）。

もしかしたら「そんなの無責任じゃないか」と言う人がいるかもしれない。でも、僕は逆だと思う。そうやって、自分の目の前で起こったことに対し、ありのままの気持ちで応える時、人は責任というものを引き受けるようになるんじゃないか。

こんな三人で子育てをしていくなんて滅多にないことです。でも、それで何がいけないのか。美知留を助けたいと思った、三人で育てたいと思った、それでいいじゃないですか。素直に自分の気持ちで目の前の出来事に応えたのなら、むしろ責任というものがそこから生まれてくると思います。

mocavanillaさんがどこかで獲得し、強く信仰している「こうしなければならない」

という思い込みはすこしも責任の根拠になりません。それは「やらなければならないからやる」というだけです。それでは、してもらう方も、する方も、すこしもハッピーにならない。

でも、mocavanillaさんの心にあるのはそれだけじゃないでしょう？　大切なのは、mocavanillaさんが自分の気持ちをすこしずつほぐしていって、折りたたまれていたものを開いていって、そうして見えてきたものに対して素直になることだと思います。それは彼と話をすることで見えてくるかもしれないし、友人と話をすることで見えてくるかもしれない。とにかく、そうやって心の中で折りたたまれていたものが開かれていったときに、かすかに、おぼろげに、責任というものも見えてきて、それが引き受けられるようになるのだと思います。

参考図書

宇野常寛『ゼロ年代の想像力』ハヤカワ文庫JA、二〇一一年

32 男前が好きな自分を認めても良いでしょうか？

相談者　かずさん（京都府・28歳女性・専門職）

Q.

本当につまらない質問なのですが、28年生きてきて今まで好みの男性は正統派の格好良い人より、少し癖のあるような男性（名前を出して良いかどうか分かりませんが、例えば松田龍平さんなど）が好きでした。

自分より顔の作りが綺麗な方だと緊張してしまい、二人きりで会うことは自分にとってしんどいことでした。自分でも、男前は好きじゃないんだと思っていました。しかし、最近になって仕事上で男前の人と二人きりになるような機会が数回続き、やはり自分は男前が好きなんじゃないかと思うようになりました。

今まで、男前は好きじゃないと思っていたのは、おそらくすっぱい葡萄《ぶどう》と同じように、手に入らないから自分に都合をつけていただけのように思います。

しかし、私も28歳で独身です。彼氏が欲しいと思っていますが、彼氏はいません。決してモテるタイプでもないので、今から男前を追い求めるのもどうかと思い、今後、方向性がはっきりせずフラフラしてる状態です。

主訴がはっきりしない相談で申し訳ありませんが、こんな私を客観的に見て頂いて何か助言頂けると嬉しく思います。よろしくお願い致します。

A.

ご相談ありがとうございます。

そうですね、まぁ、お寄せいただいた相談を読みながらまず思ったのは、「この人、自分の話ばっかりしてんなぁ」ってことですね。

その仕事で一緒になってる「男前」の人ってのも、この文面からでは全然リアリティをもって想像できませんね。別に相談文が短いってことじゃなくて、そもそもその人が、かずさんの網膜には映っているのでしょうけど、結局、かずさんの頭の中にある「男前」フォルダに収められているだけで、その顔の画像すらよく見てないんじゃゃないでしょうか。

こうやって書きながら考えてると、かずさんの相談、ツッコミどころ満載な気がしてきました。かずさんの相談では、「男前」なる存在があらかじめ存在していることが前提になってますね。つまり、「男前」なるものの本質があって、その本質に与《あずか》っている者とそうでない者とが、もうあらかじめはっきりと決まっているということですよね？

そんなことあり得るんですか⁉

もうこの人生相談も終わりが近づいているので（！）わざと面倒な言い方をするとですね、それって古代ギリシャのプラトンが言っていたイデアの考え方ですね。

美しい花、美しい人、美しい山……、僕らはそれらを「美しい」って判断するけど、一度も「美しさ」なんてものを習っていない。なのに、なぜ我々は「美しい」と判断できるのか！　それは、魂が肉体をもって地上に生まれいずる前、イデア界なる世界にいて、そこで「美しさ」のイデアを見たからなのだ！　美しいものを見た時、我々の魂がその「美しさ」のイデアを思い出しているのだ！　美しい花、美しい人、美しい山……、それにはこの「美しさ」のイデアが具現している。そう考えなければ、「美しさ」を習ったこともない我々が「美しい」と判断できる理由が分からない……。

……って、プラトンという人は考えたんですけど、どうですか？　かずさんはやはり「男前」のイデアがあると思いますか？　「男前」のイデアに与っている男、「毒男」のイデアに与っている男、そういうのがいると思いますか？

プラトンの弟子にアリストテレスという人がいて、これを批判したんですね。アリストテレスはプラトンがイデア界みたいなものを現実世界とは別個に用意したことに強い疑問を持ったんです。この現実世界にあるこの個物こそが現実なんだ、と。机が机であるのは、その机が「机」のイデアに与っているからじゃない。この机にこそこの机の本質があるんだって考えたんです。

プラトンの考えだと、どうしても目の前にあるこの個物、目の前にいるこの個人が蔑《ないがし》ろにされてしまいます。

比喩的に言うと、「こいつは男前のイデアが具現しているから、男前フォルダに入れる、と」ってなる。あるいは、「こいつは毒男のイデアが具現しているから、毒男フォルダに……、おっとっと、違うや、ゴミ箱に捨てる、と」ってなってしまう。

僕はプラトンみたいな考え方が出てきてしまうことには強い必然性があると思います。これは人間が陥る強力な罠だと思う。そして確かにそういう考え方を捨てるのは難しいんです（こんなことは人生相談ではどうでもいいことなんですけど、プラトンの考えは古代ギリシャの哲学の系譜においては実は異端なんですね。アリストテレスがそう言ってます。木田元先生の『ハイデガーの思想』第六章にこのことが分かり易く書いてあります。因みに、ですが)。

やっぱりイデア界なんてないし、「男前」のイデアもないし、したがって「男前」のイデアに与っている男もいないんですよ。単に個物が、単に個人が、一つの現実として存在しているだけなんです。

その現実を見据えている人は、その現実について話ができます。でも、それを見据えていない人は、自分はどう思うかって話しかできなくなる。つまり自分の話ばっかりすることになる。

でも、どうして目の前にある個物、目の前にいる個人そのものを一つの現実として観ることができないんでしょうか？　どうしてその現実を受け入れることができないんでしょうか？

たぶんその理由は簡単で、その現実がイヤだからだと思うんです。

プラトンも目の前の現実がイヤだったのだろうと思います。だから受け入れたくなかったんです。こんなクソみたいなアテナイの現実とかイヤだと思って、現実の外に本当の世界を想定したのだと思います。そしてそういうことは人間においてはよく起こることなんです。それにそういう気持ちはよく分かりますよ。プラトンみたいな考え方が出てきてしまうことには強い必然性があると言ったのはそういう意味です。

かずさんには、自分がなぜ目の前の現実をきちんと観ることができないのか、つまり、目の前にある現実の一個人（個体）をきちんと観ることができないのか、その理由を考えて欲しいです。つまり、目の前にある現実のどこがイヤなのか、それを考えて欲しいです。

答えは分からなくても、そういう風に考えていけば、「今から男前を追い求める」とかそんな訳分からないことは考えなくなるんじゃないでしょうか。

急に卑近な話をすれば、「男前を追い求める」って、要するに、周囲の女の子たちから「かずちゃんの彼氏ってイケメンだよね〜」ってうらやましがられるような男が欲しいって意味でしかないですよね？

で、もし「そうしたことを自分はこれまでしてこなかった」と思っているのなら、心の中には「自分は周囲からうらやましいと思われたい」という強い気持ちがあるけど、それをそのまま実行しようとすると難しいし、恥をかいて逆の結果になるから、その気持ちを抑えつけてきたというだけですよね？

だから問題は「男前」が好きとか好きじゃないとかそういうことじゃなくて、かずさんがプラトン的に考えているということであり、ひいては、目の前の現実がイヤであるとか、他人からうらやましがられたいとか、そういう気持ちが心のどこかにあるってことじゃないでしょうか。

なんか、人生相談の終わりに向けて、整った答えを書いていこうと思っていたのですが、いろいろ話題が入ってぐちゃぐちゃになってしまいました。いかがですかね。

参考図書

プラトン『国家』上下、藤沢令夫訳、岩波文庫、一九七九年

木田元『ハイデガーの思想』岩波新書、一九九三年

33 抑え難い復讐心があります

相談者　小谷さん（東京都・23歳男性・学生）

Q.

私は現在二回目の大学四年生をやっている23歳の小谷といいます。私は二年前に大学のある文化系のサークルに入っていましたが、そこでいじめにあいました。まず二年の時に、ある同学年の女性（以下Sとします）と本の貸し借りをするようになり、一緒に映画に行こうと私が誘い、二人で会いました。

しかしSは待ち合わせ場所に非常に不機嫌な表情でおり、二人でいる間はずっと険しい表情でした。そして私に対してひたすらその不機嫌な感情をぶつけてくるのです。私の話には全くと言っていいほど反応せずに、「この前は同じサークルのYと映画を観にいって楽しかった」と言って映画のチケットを目の前に出してきたり、「別な大学の男にいい顔してたら飲みに行きたいと言われている。私はまた「同じ過ち」を繰り返した」と何度も言ってきました。これは彼女を映画に誘った私を揶揄してのことだと思います。

「昨日何で電話に出なかったの？」と聞いたら、同じサークルのAと電話で話していた、と言われました。また映画が始まり、近くの席に座ろうとしたら、蠅《はえ》を払うような仕草で手を振られ、離れた席で映画を鑑賞しました。

その直後、Sはサークルの飲み会に参加して、私との事を笑い話として披露していたそうです。そしてSはなぜか携帯電話を机の上に置いており、それを他のサークルの男性が操作して、その携帯から私の事を嘲笑うようなメッセージが送られてきました。「まだまだだな」とか「そんなことよりも俺の事を見ろ！」などです。これはSが私と映画に行っている間に別な男性の話ばかりをしていた事を聞いたからだと思います。

Sはこの件に関して後日サークルの中の男、女一名ずつに相談をしたのですが、何故か自分が被害者であるように言っており、完全に私の立ち位置が悪くなってしまいました。Sが相談した男と、私はサークル内であるイベントをやることになっていましたが、その男はメーリングリストで「今度の会は僕一人でやる事になりそうです。だから皆協力してくれ！」というメールを一斉に流しました。彼女が相談した先ほどの女性と話す機会がありましたが、「○○っていうメール送ったんでしょ」と言われ、自分が送ったメールの内容（非常にプライベートな性格のものでした）を揶揄されました。その時は本当に死にたかったです。

後日、Sは私にメールを何通も送ってきました。始めは謝ってきていたのですが、私が泣き寝入りをしているのを好い事に「いつまでもあなたの本が手元にあっても困る」という様な威丈高なメッセージを送って来るようになりました。サークル内の力関係で強い立場にある男女一名ずつを味方につけた事が手伝ったのだと思います。Sはサークルの男性Aを伴って私が貸していた漫画を直接、私の一人暮らしの家まで届けに来ました。私が居留守を使っていると、Sはインターフォンを何度も押して、ふざけた口調で「ほんとにすみませんでした」などと私を馬鹿にするような言葉を何度も吐きました。殺してやろうと思いましたが、思い留まりました。

その辺りの時期から心身の状態が非常に不安定になっていきました。夜中に全くと言っていいほど眠れなくなっていき、体力が極端に低下していきました。Sはその後すぐに留学に行き、私は一年くらいそのサークルに居続けましたが、体調不良が元で活動にあまり参加できなくなっていきました。出席に厳しいサークルであったため、次第に白い目で見られ始め、幹事長から睨まれたり、頼んでいた仕事を前日になって「知らない」と言われたり、仲良くしていて自分のバイト先にも遊びに来たような関係の先輩に話しかけても、「俺がお前の話を聞く必要はない」と言われたりしました。サークルのOB（33歳）からも「君さ、女の子（Sの事）に〈ロスト〉したんだってぇ？　聞いたよ？」と後輩の前で言われました。自分がやる事になっていた企画が知らない間に別な人がやることになり、告知のメーリングリストでそれを知る、という事もありました。サークルの会議の時に「小谷君の〇〇の仕事はどうなってますか？」と私に直接言えば済むような事をわざわざ皆の前で言われるという、吊るし上げの様なこともされました。そして三年の夏に私はそのサークルを辞めました。サークルの活動費の一部を私が立て替えていましたが、今もって返済を彼らはしません。

現在も四六時中、頭、体が重く、室内にこもりがちです。また急に泣き出してしまったり、恐怖心にとらわれて不安で仕方なくなったり、部屋で急に怒鳴り声をあげたり、壁を殴ったりしてしまいます。落ち込んでいる事が非常に多く、体調不良もずっと続いています。自分がこんなにも弱い人間だとは思いませんでした。そのせいで、大学からも足が遠のき単位が全然取れなくなり留年を致しました。現在は一応通院をしておりますが、良くなる気配は一向になく就職活動も全く出来ていません。

心の中でいじめてきた連中に対する復讐心が日毎《ひごと》に大きくなっていっています。そのサークルは大学の学生棟で禁止されている飲酒をしたり、普段の飲み会で一気飲みの強要や未成年の飲酒をしています。手元にその画像や動画がありますので、このネタを脅しに使ってやろうかと日々思ってしまっています。そして、呼び出して、自分をいじめてきた奴らをめちゃくちゃに殴っているところや、お金を脅し取る事を空想しては、自己嫌悪になったり、虚脱感に襲われたりしています。既に元サークル幹部の人間に、脅しのようなメッセージ（「学生生活課に言いに行く」、というようなものです）を送りつけ、彼らからは返信が来ましたが、まだ見れていません。

この件に関して、私にも落ち度は様々にあると思いますが、ここまで理不尽かつ陰湿にいじめられるようなことはしてはいないと思います。私が彼らに復讐をすることは許されるのでしょうか。また、自分自身の気持ちにどう整理をつければいいのでしょうか。國分先生の意見をどうしてもお伺いしたいです。どうか取り上げて下さい。本当にお願いします。

A.

ご相談ありがとうございます。

端的に言いますと、小谷さんの相談は大変長文でしたが、それにもかかわらず、ほぼ間違いなくいくつかの事実が隠蔽されています。

まず、なぜ女性Sはあなたとのデートに応じたのか？　それが全く謎めいています。あなたとのデートに大した期待もなかったのになぜ断らなかったのか？　当日不機嫌な気持ちになるほどの不満を抱えていたのに、なぜ事前にデートの約束を反故《ほご》にするわけでもなく、当日待ち合わせ場所に現れたのか？

これはこのケースに関わっている人物であれば、簡単に説明ができることであるはずです。そしてこれは小谷さんのケースの出発点にある重要な事項です。しかし、なぜそれが書かれていないのか？

小谷さんはもしかしたらそれに気付いているのに、わざと書き落としているのではないでしょうか？　あるいは、そこから無意識に眼をそらしているのではないでしょうか？　そのように想像されるのには理由があります。

このケースは単純化すると……女性をデートに誘った小谷さんは結局振られたのだが、その相手の女性がそのことを皆に言いふらし、小谷さんが皆からバカにされることになった、というものです。

このケースが純粋にこれだけであるなら、小谷さんにはすこしも悪い所はありません。誰よりも自分がそう思うはずです。なのに小谷さんは、なぜか、「私にも落ち度は様々にある」と書いています。なぜでしょうか？　その落ち度とは何ですか？　どういう点で小谷さんは罪悪感を感じているのでしょうか？　何か罪悪感を感じざるを得ない出来事があったのですか？

相手の女性Sについても情報が大変不足しています。しかし、人物像はかなり推し量ることができます。重要なのは次の二つの台詞です。

「私はまた「同じ過ち」を繰り返した」

「別な大学の男にいい顔してたら」

まず、この女性Sは「男にいい顔をする」ような人物だということです。すなわち、「この人のことが好きだ」とか「この人は素敵だ」といった気持ちで動くのではなくて、「こいつと仲良くすると良さそうだ」「こいつの近くにいるとグループの中心にいられる」などといった利益計算で動く傾向をもった人物と考えられます。

この手の計算というのはしばしば間違えます。そして、人間は腹黒い計算で過ちを犯した時、その愚かさを強く後悔するものです。大好きな人を大好きだから追いかけていても後悔はないけれど、自分に利益になると思って追いかけていた場合には、追いかけるために費されたコストを後から大いに悔やむのです。おそらく、「同じ過ち」というのはその手の利益計算の間違いを指しているのでしょう。

そして、人間は後悔に耐えられません。だから、それを誰かにぶつけたり、誰かのせいにしたりします。誰かのせいにする際には、その誰かを非難する場合と、笑いものにする場合の二つのパターンがあって、今回、女性Sは後者を選択したと考えることができるでしょう。自分の利益計算の失敗を後悔しているが、その後悔に耐えられない。そこで、小谷さんを笑いものにすることで、後悔を引き起こした出来事の原因を小谷さんに転嫁した。

以上の分析は女性Sの性格上の問題点を指摘しているだけのように思われるかもしれませんが、違います。私は小谷さんに落ち度がないと言いたいのではありません。なぜ女性Sは小谷さんについてこのような利益計算を行うに至ったのでしょうか？　これがこの事件の最大の謎です。それを解明しなければ何も分からないのですが、その点について、何も書かれていません。

たとえば小谷さんがサークルで支配的な立場にいたので、女性は「こいつと一緒にいると自分も中心的な存在になれる」と考えたのでしょうか？　この可能性はあまり高くないように思われました。小谷さんよりも強い立場にいる男女が言及されているし、サークルの中心にいる人物はそのサークルを「出席に厳しいサークル」とは言いません（「うちのサークルでは出席を厳しくしています」などと言うはずです）。

では、なぜこのような利益計算を行うタイプの人間が小谷さんとのデートを承諾したのか？　小谷さんが女性にちらつかせた利益は何だったのでしょうか？　そこが分かりません。

一番分かりやすいシナリオは、小谷さんが強引な人物であり、且つ、女性が依存的傾向と支配欲を兼ね備えている場合です。小谷さんは実は利益など与えることはできないのに、相手に強引に迫る。相手はそれを断れないものだから、「小谷さんは自分に利益を与えてくれる人物である」と信じることで、断れずにいる自分を正当化する。ところが、二人きりでデートに行くという決定的な行為は、女性Sに、そのように信じ続けることを難しくしてしまう。それがデートの際の不機嫌な態度となって表れる。強い支配欲はその失敗を失敗として認めることを難しくし、それが小谷さんをバカにするという態度に表れる……。

でも、このシナリオはしっくり来ないところがあります。小谷さんの文章からは強引な人物の感じはしません。むしろ、こんなことを言って大変申し訳ないのですが、何かを無意識に隠蔽する姑息な感じを受けました。なぜなら、相談をしているのに肝心なところを説明しないし、それにもかかわらず、自分が貸した金のことについての恨みなど、相談に関係がないことはきちんと書いているからです。もしかしたら、或る場面では姑息に振る舞い、或る場面では強引に振る舞う、そういう人物なのかもしれません。申し訳ないですけど、こういう失礼な言い方までしなければならないのは、小谷さんの相談内容が何らかの一貫性を欠いており、それを僕の方で補おうとしているからです。

小谷さんをからかった連中は非難されるべきです。それははっきりしています。しかし、彼らを非難したり、彼らに復讐したりするよりも前に、小谷さんは、僕に対する相談の中で隠蔽したこと、あるいは自分に対して心の中で隠蔽していることをはっきりさせないといけないでしょう。

それは何か一言で言えるような一度限りの行為ではなくて、雰囲気や態度で示されていたものなのかもしれません。これは僕には本当に分かりません。しかしそれは小谷さんの心と大きく関係しているように思えます。

小谷さんはいま全くありふれた意味での被害妄想に陥っています。通院もされているとのことですね。「自分がこんなにも弱い人間だとは思いませんでした」とも書いている。そうなんです。人間は本当に弱くてちょっとしたことで崩れてしまいます。別に特別なことだとは思わないでください。

通院されているというのは朗報です。もしかしたら、たぶん大学で用意されているカウンセリングなどにも顔を出すといいかもしれません。いろいろな人に話を聞いてもらう方がいいからです。小谷さんが自分に対して隠蔽していることも、そうした相談の中で見えてくるかもしれません。

人はひとりで考えていると碌なことになりません。ですから、常に誰かと話をして欲しいのです。その相手が自然に見つからないのなら、人工的に用意されている場所を利用して欲しいのです。

34 好きな女性が進路に悩んでいます

相談者　うらさむさん（神奈川県・25歳男性・学生）

Q.

初めて投稿させていただきます。

今、好きな女性がいます。その彼女は同じ大学で、アルバイト先で知り合いました。中国文学を学ぶ為に大学進学をしたようなのですが、自分が元々夢見てた道を捨てきれず、そもそも大学というシステムに馴染めず成績不良で二留目を迎える事になるそうです。このまま大学を辞めるか、それとも語学系の専門学校に進むｏｒフリーターになるか悩んでいます。彼女曰く、社会に貢献するような仕事につくこと（就職すること）は諦めた、とのこと。

私は二浪で二留の大学四年生です。精神的な不安定さが原因で、他人との摩擦を恐れ所謂《いわゆる》引きこもり生活を繰り返してしまい、現在に至ります。目下、九月卒業を目標に就活やアルバイト生活をしながら日々暮らしています。

二人で学生生活を楽しんでるのを想像しながら今後の糧に就職まで精進しようと思ってたのですが、それは自己満足であることもわかっています。

相談内容は、①これからのモチベーションをどのように維持したらいいのか。②今後の彼女との付き合い方。③もし彼女の考えを変えれるチャンスがあればどんな言葉で諭すべきか。

正直この状況で付き合えても、あまり嬉しくはありません。これじゃない感は拭えないです。

自分は二人の関係性が良好であれば大学を卒業しアルバイトを辞め就職しても九月以降付き合いを続けたいと思っています。と言うか、言い換えれば彼女と長く一緒にいれる努力をしたいと思っています。何卒ご回答の程よろしくお願いします。

A.

ご相談ありがとうございます。

何か胸がときめく想いです。人を好きになるのはとても素敵なことですね。まずそれを忘れずにいてください。付き合うといろいろあります。はっきり言って苦しいことがたくさん出てきます。相手に対する気持ちは絶えず変化していきます。でも、一つ、最初のあの素敵な想いというのは大切にしておいていいと思います。それを思い出すと、相手のいいところが見えてきたりするものです。

彼女の状況がいまいち見えないので、アドヴァイスが難しいですね。よく分からないのは、主として、

⑴なぜ「社会に貢献するような仕事につくこと」＝「就職すること」なのか？

⑵中国文学を大学で学ぶことと彼女の元々の夢はどういう関係にあるのか？

⑶捨てきれない「夢」と大学を辞めることはどういう関係にあるのか？

ですね。

どうも、うらさむさん自身がよく分かってないのではないかという気がします。彼女の気持ちや想いをうらさむさん自身がまだ十分に整理できていないのではないでしょうか？「なんかあいつごちゃごちゃしているな……」という程度の理解なのではないでしょうか？

まずは彼女のことをよく理解することです。

理解するためには話を聞くことです。

話を聞くチャンスはいつもあるわけではないでしょうから、そういうチャンスが訪

れたらとにかくきちんと聞いて、そのチャンスを逃さないことです。

うらさむさんにとって重要なのは「彼女の考えを変えれるチャンス」ではありません（因みに、僕のような年上の人に相談する時に「変えれる」なんて言葉使いをしないこと！「変えられる」でしょ！）。彼女の話を十分に聞く「チャンス」こそが重要です。彼女の考えを変えられるだろうかとかそんなことを考えているうちは付き合い始めることはできません。「これじゃない感」ってのもなんかどうかなと思います。いまのそういう状態を含めて彼女なのですよ。

僕は大学の教員をしていますが、大学生ってもう結構な年だし、いろいろ教えても変わらないだろうなって最初は思っていたんです。白状しますけど。でも、実際にゼミなんかで教えているとそうじゃなかった。

ただ、ポイントは、人間性というか、性格というか、そういうものは変わらないのです。別人になるなんてことはありません。そういうものは変わらない。でも、成長はするんです。人間性は変わらないけど、成長はするんです。

人間性というか、性格というのは、それまでの人生の中での経験が堆積したものです。ですから、それは取り除けないし、堆積したものは変わりません。地層と一緒です。でも、その地層はいまも分厚くなり続けている。だから、既に堆積したものは変わらないけど、これからそこに堆積するものによって、総体としての性格は変化しうる。

人間というのは、その人間性は変わらないけど、成長はするってのは、そういう意味です。

彼女に対して「これじゃない感」を感じることは、彼女の中に形成されてきた地層を無視することにつながります。まずはその地層をしっかりと見つめて理解することです。そしてその上で、もし叶うならば、一緒に考えながらその上にこれから積み重なっていくものを二人で作っていけばよいでしょう。

歴史は常に、既にあるものの上に作られます。革命なんてものはありません。あるのは、「革命が起こって欲しい」と願う人の気持ちだけです。その意味で、私たちは反革命でなければなりません。特に人との付き合いにおいては。なぜなら、反革命の思想こそがやさしさをもたらすからです。

あとがき
哲学は人生論でなければならない

本書は、二〇一二年九月から二〇一三年五月まで、宇野常寛さんが編集されている週刊のメールマガジン「メルマガ・プラネッツ」で連載していた人生相談をまとめ、加筆・修正を施したものである。

宇野さんから、「國分さん、人生相談やりませんか？」と言われた時は、実に気楽な気持ちで引き受けたのだった。「メルマガの人生相談だから、大学帰りに電車の中で、iPhoneを使って返事を書けばいいだろう」ぐらいに考えていた。ところがそうはならなかった。

「そうはならなかった」のには二つの理由がある。一つは、相談に少なからぬ数の重々しい内容が含まれていたということである。何度か、「これに対する返答を間違えれば、自分はこの相談者の人生に間違った影響を与えてしまうかもしれない」という緊張感のもとに返事を書いたことがあった。特に結婚、配偶者との関係、親との関係などが問題になっている時には、普段以上に精神が引き締まった。そのような密室的な関係では、取り返しのつかないことが起こりうる。そしてそれは本人の人生を大きく左右する。

もう一つは、私自身が人生相談にだんだんハマっていった、つまり、ノッていったということである。メルマガは毎週金曜日の配信であったが、私は金曜の昼からツイッターなどで寄せられる読者からの声をとても楽しみにしていた。その声によって私は更にノッていき、次の週の人生相談がまた全力で書かれるということが繰り返された。

週刊連載というのはかなりの負担である。しかも、その時期の私は、六月出版予定のジル・ドゥルーズについての学術書の執筆、六月頭に台湾で行われる国際会議での三つの招待講演の準備、そして、二〇一二年の秋から深く関わっていた地元小平市での住民投票運動（投票日は五月末）という三つの巨大な課題を抱えていた。それにもかかわらず連載を続けられたのは、まさしく、私が人生相談をやることにノッていたからに他ならない。毎日、異常な速度で頭脳を回転させていたことが、逆に人生相談に向かう自分を鋭利にさせていたということもあったかもしれない。

相談への返信にあたっては特に方針を決めていたわけではなかったが、ある程度進めた段階で、自分が相談相手の文面を、まるで哲学者が書き残した文章のように一つのテクストとして読解していたことに気がついた。哲学者の文章を読む時には、哲学者が言ったことだけを読んでいるのではダメである。文章の全体を一つのまとまりとして眺め、そこを貫く法則を看破し、哲学者が考えてはいたが書いていないことにまで到達しなければならない。

人生相談の相談文は、哲学者が書いた文章のようには十分に彫琢されていない場合がほとんどである。だが、どんなに表現が稚拙でも、どれだけ相談文が推敲を欠いていようとも、そこから読みとれることには何らかのまとまりがある。人間が考えていること、感じていることは、それほどたやすく体系性を免れはしない。人生相談を行うためには、その体系性をある程度までつかみ取らねばならない。そして、そのためには、書かれていることだけを読んでいてはダメである。途中で気がついたのだが、人生相談においてはとりわけ、言わ﹅れ﹅て﹅い﹅な﹅い﹅こ﹅と﹅こそが重要である。人は本当に大切なことを言わないのであり、それを探り当てなければならない。

だが、こちらが、その言われていない大切なことをある程度探り当てたとしても（もちろんそれは推測に過ぎないのだが）、それをどうやって相手に伝えるか、またそもそも伝えるべきかどうかという問題がある。私が答えたことを心の底から信じこまれても困るし、全く心に響かないのでは意味がない。自分の気持ちやこれまでの生き方をある程度振り返るきっかけになるぐらいが望ましい。また、これは一対一の相談ではなく、読者がいた。だから相談に直接には関係のない読者のことも考えて答えなければならなかった。つまり、特殊な相談に答えつつも、その答えにはある程度の一般性がなければならない。多くの相談で私はかなりズバズバと答えていると思われるだろうが、これはそうしたいくつかの要請の中で選択された一つのやり方であった。

先に述べたように連載中はとても苦しく大変な時期だったが、いま思い出すと懐かしくもある。あの時期、約九ケ月のあいだ、メルマガ読者の皆さんと私の間で何かたとえようのない興奮状態が維持されていたように思う。この興奮だけは本に収録することができない。あれは一種の運動であった。熱心に見ていた毎週放送のテレビドラマを後からＤＶＤでまとめてみても同じ興奮は味わえないように、あの半年の人生相談運動の興奮はもう味わえない。

とはいえ、本には、全三十四回分の相談の全体を、手軽に手にとって役立てていただけるという利点がある。私の返答の多くは、私自身が悩み、そして何とか見つけ出した答えをもとに書かれている。私の経験がどれだけ他の人に役立つかは分からない。だが、全く役に立たないこともないだろう。

そして本書をお読みいただければ分かるように、見つけ出された答えのほとんどは哲学を通じて発見されたものである。哲学が本来何かの役に立つものであるのか、何かの役に立つべきであるのかは知らないが、私自身は必要があって哲学に取り組んだのである。そして人生における難問に立ち向かう上で重要な認識を私は哲学から得た。私にとって哲学は人生論である。そして哲学が人生論であることと、哲学が自然や社会や政治についての重要な知見を与えてくれることとはすこしも矛盾しない。『哲学の先生と人生の話をしよう』は、私のそうした素直な思いが形になった本である。

二〇一三年十月

國分功一郎

本文中の大学、会社名などは当時のものです。

解　説

相談の前の相談

千葉雅也

國分さん的な速度だ、と思う。僕にはできないような迷いのなさでスッとアクセルを踏み込んだかと思えば、僕には意外なタイミングで左右確認を始める。これは他人の本だ、と思う。ここには僕の知っている國分さんが確実にいるけれど、同時に僕にとっての國分さんのわからなさがある。

「アクセルを踏む」というのは、バッサリした、と言えるようなすばやい判断のことだ。僕も比較的バッサリしたところがある方だが、國分さんのそれは僕とはちょっと異質に感じる。この解説ではとくにこの点を問題にしたい。

「左右確認」というのは慎重さで、この本の一つの面白さは、相談の「文章」を文字通りに受け取って、まるで哲学の本を読むみたいに慎重に解読している点だ。しかも國分さんは「書かれていないこと」に注意を向ける。言い落としにこそ真理が宿るというわけだ。探偵のような、あるいは精神分析家のようなアプローチである。

大きく言って本書は、相談者に「自立」を促すのが基本的思想なのだと思う。だが、自立とは何か。それはすべてを一人で引き受けよということではない。すべてはあなたの自己責任だということでは決してない。人は一人では生きていけないからだ。これは当然である。人間は集団で生きる社会的動物である。だから、問題は他者とどう関わるかなのである。自立という言葉は厳密なものではない。世間で「自立」と言われていること」とは実際には、適切な仕方で誰か他者に依存しながら生きることと、その「適切さ」のあり方を意味していると受け取るべきだろう。

必要なのは、他者への不適切な依存と、適切な依存との区別である。

その判断が國分さんはバッサリしているのである。

不適切な依存について、國分さんは本書でときどき「利用される」という言い方をするのだが、僕はそこに引っかかった。引っかかったというのは別に悪い意味ではない。「ああ、僕とは感覚が違う」と思った。他人の本だ、と思ったのだ。もうちょっと踏み込んで言うと、國分さんはつねにどこか利用関係への警戒心を持って生きているのなら、僕と話すときにもそうなのだろうと思うと、ちょっとギョッとするものがある。

不適切な依存とは、他人に利用されることである。

だから適切な依存があるとすれば、利用し利用されるのではない依存、ということになるが、それはどういうことなのか。なにか「善き相互性」のようなものが想定されることになるだろう。

ここで僕はすぐ、利用と、利用ではない「善なる」関係の区別などできるのだろうか、と思ってしまうのだが、その話はいったん保留。

ともかく、利用されるな、という警戒のメッセージによって救済へと導くわけだから、逆に、誰かを利用しようとする者（そう見なされる相談者もいる）に対して國分さんは手厳しい。初めに述べたように、本書の一つの面白さは「書かれていないこと」に注目する推論なのだが、それはまず相談者における「利用されている状態への否認」を炙《あぶ》り出すことであり、それはときに「無自覚に人を利用していること」への批判でもある。

ともかく、僕はこの「利用」という言葉に引っかかる。

そこでちょっと考えてみると、この本では引用もしながら哲学の知見を応用しているが、利用という言葉はどこから来ているのだろう？　一見、由来がわからない。

確かに利用というのも一つの概念ではある。が、何か哲学書から出てきたもののようには見えない。また「書かれていないこと」に注目するのは精神分析を念頭に置いているのだと思うが、利用というのは精神分析的な言い方でもないと思う。とすれば、本書において利用という概念は、「哲学の先生が相談に答える」という体《てい》をはみ出すような不気味な何かのような気がしてくるのだ。

國分さんはこんなふうに書いている。

「人間というのは意外と人を利用するものです。そして、利用できると思うとどことん利用するものです。」（１０９ページ）

この箇所はクライマックスだと思った。と言うと國分さんは嫌がるかもしれないけれど。人間とはどういう存在かをはっきり言い切っている。ここには一つの人間学があるが、一見、典拠がよくわからない。

そして直後にこう続ける。

「なぜ前の配偶者は「結婚については当初から前向きではなかった」のに結婚したのですか？　もちろんあなたを利用するためです。」（同ページ）

もちろんあなたを利用するためです。この「もちろん」の速度。このアクセルの踏み込み。僕はギョッとする。僕ならばここで左右確認を始め、それどころかハザードをつけて車を路肩に停めてしまうんじゃないかと思う。一種の世間知なのだろうか。一種のリアリズムなのだろうか。ここには洗練された理論も何もないかに見える。……のだが、利用というのは「搾取」と言い換えられそうで、だとすれば、國分さんが左派の論客であることからしても、利用という言葉はマルクス的な発想から来ているのかもしれない。人間社会は、誰かが誰かを搾取＝利用するという非対称性で動いている。人は人を搾取するのだというリアル。でも、人間とはそういうものでしかない、というわけではない。國分さんは、善き相互性がありうると考えているわけで、とすれば先の人間観は、「人間社会は、誰かが誰かを搾取＝利用するという非対称性で動いている面がある」というように言い直すべきだろう。つまり、人間社会には別の面があるのだ。搾取的にではなく人が人に関わる別の面があるのである。

　とはいえ、だ。

　とはいえ僕はとまどっている。もちろんあなたを利用するためです。というこの勢いにとまどっている。僕には「人の悪意がわからない」という自覚があり、友達にも（國分さんにも）よくそう言われるのだが、とはいえ僕だってそう脳天気ではないので、搾取し搾取される非対称性はある程度見えている。……はずだ。けれども僕には、それは搾取だ、それは利用されているのだ、と言い切ることができない。かつて人に相談を受けてそんなふうに言ったことがあるだろうか。いろいろ話すなかで、大意として搾取関係を問題にすることはある。だとしても「あなたを利用するためです」というフレーズは永遠に僕の口からは出ないだろう。それは僕の身体に逆らう。わざとそう口にしようとすると、僕の身体が苦しんで裂けてしまうような気持ちになる。

そこで前に述べたことに戻るのだが、僕は、利用し利用されるという不適切な依存と、適切な依存はやはり識別不可能ではないかという思いにいつも足を取られるのだ。僕はそこで終わらない左右確認に責め上げられ、かえって左右がわからなくなってしまう。ふと思ったが、それは政治的な意味での左右でもあるのかもしれない。

國分さんはその後、『中動態の世界——意志と責任の考古学』という本を書くに至った。それは、能動と受動の非対称性を脱構築する試みなのだが、それはまさしく、利用し利用される関係の脱構築であると言い換えられるだろう。國分さんが中動態と呼ぶのは、非対称的な関係の以前にある、というか非対称性に折り重なるようにしてそこに別の面として「潜在」するような、どちらがどちらをという責任の切り分けが成立しない相互性を問題にしている。思うに、國分さんがそういう問題意識を持つに至ったのは、そもそも國分さんが、「もちろんあなたを利用するためです」と非対称性を言い切れる人だからではないか。その上で、利用し利用されるのとは別の関係を開くために中動態を強調する。

中動態の強調についても、僕とは違うなと感じる。國分さんは、利用関係をすばやく悪として指差すそのバッサリぶりによって、中動態を利用関係の悪から切り離しすぎているように感じる。僕は、利用関係とそこからの解放はつねに相互汚染していると考えるし、それはメタ認識でもってそう考えるというのではなく、それが僕の身体的実感なのである。利用関係とそこからの解放をバッサリ切り分ける刃――それは理性的と呼びたくなる刃だ――は、僕の身体を切り裂いてしまう感じがするのだ。

だから問題はこうなる。（A）利用あるいは搾取と、（B）そこから解放された相互性との関係はどうなっているのか。（A）と（B）の間で、國分さんと僕は異なる身体性を生きているらしい。國分さんの議論に即して言えば、利用あるいは搾取とは別に中動態を想定するのだとして、前者と後者の関係が國分さんにおいてどうなっているのかが、まだ僕にはよくわからない。

自立とはどういうことか。自立とは（B）を目指すことだが、人間社会には（A）がつねにある以上、（A）と（B）の間をどう考えるかが自立の困難である。

本書はしばしば、相談者に、信頼できる人とよく話し合うように助言している。國分さんは、相談者をいったん受け入れて不適切な依存を指摘し、改めて他者に向き合うことができるようにする。あなたにとって大事な人に改めて相談すべきなのです、と送り出す。相談によって他者との関係を再構築すること、それが自立の唯一の道なのだ。だから本書は、「本当の相談」を開始させるための、相談の前の相談なのである。

（ちば　まさや／哲学者）

哲学《てつがく》の先生《せんせい》と人生《じんせい》の話《はなし》をしよう　朝日文庫

2020年4月30日　第1刷発行
2023年6月30日　第3刷発行

著　　者　國分功一郎《こくぶんこういちろう》

発 行 者　宇都宮健太朗
発 行 所　朝日新聞出版
〒104-8011　東京都中央区築地5-3-2
電話　03-5541-8832(編集)
03-5540-7793(販売)
印刷製本　大日本印刷株式会社

定価はカバーに表示してあります

ISBN978-4-02-262008-8
落丁・乱丁の場合は弊社業務部(電話 03-5540-7800)へご連絡ください。
送料弊社負担にてお取り替えいたします。